Toni Lauerer

# Blumen, Bulli, Bumskopfsemmel

Geschichten aus den wilden Siebzigern

Toni Lauerer

# Blumen, Bulli, Bumskopfsemmel

## Geschichten aus den wilden Siebzigern

BUCHVERLAG

Bibliografische Information der Deutschen Nationalbibliothek

Die Deutsche Nationalbibliothek verzeichnet diese Publikation in der Deutschen Nationalbibliografie; detaillierte bibliografische Daten sind im Internet über http://dnb.dnb.de abrufbar.
ISBN 978-3-95587-413-1

MIX
Papier aus verantwortungsvollen Quellen
FSC® C014138

Für uns, die Battenberg Gietl Verlag GmbH mit all ihren Imprint-Verlagen, ist Nachhaltigkeit ein wichtiger Teil unserer Unternehmensphilosophie. Daher achten wir bei allen unseren Produkten auf den Einsatz umweltschonender Ressourcen und Materialien.
Dieses Buch wurde auf FSC®-zertifiziertem Papier gedruckt. FSC (Forest Stewardship Council®) ist eine nicht staatliche, gemeinnützige Organisation, die sich für die verantwortungsvolle und ökologische Nutzung der Wälder unserer Erde einsetzt.

Unsere Partnerdruckerei kann zudem für den gesamten Herstellungsprozess nachfolgende Zertifikate vorweisen:
- Zertifizierung für FOGRA PSO
- Zertifizierungssystem FSC®
- Leitlinien zur klimaneutralen Produktion (Carbon Footprint)
- Zertifizierung EcoVadis (die Methodik besteht aus 21 Kriterien in den Bereichen Umwelt, Einhaltung menschlicher Rechte und Ethik)
- Zertifikat zum Energieverbrauch aus 100 % erneuerbaren Quellen
- Teilnahme am Projekt „Grünes Unternehmen" zum Schutz von Naturressourcen und der menschlichen Gesundheit

1. Auflage 2022
ISBN 978-3-95587-413-1

Battenberg Gietl Verlag GmbH, Regenstauf
www.battenberg-gietl.de

# Inhalt

# Vorwort

*Liebe Leserinnen und Leser,*
*liebe „Kinder" der 70er,*
*liebe ältere,*
*liebe jüngere,*

*es ist ja heutzutage modern, um nicht zu sagen hip, Biografien zu schreiben.*
*Bereits Menschen, die noch keine 30 Jahre alt sind, insbesondere sogenannte „Promis", fühlen den dringenden Drang, der Welt ihr bisheriges irdisches Dasein in allen Einzelheiten näherzubringen. Insbesondere an den negativen und skandalösen Episoden möchten sie alle teilhaben lassen.*
*Zum einen meinen sie, dies sei wahnsinnig interessant für jedermann, zum anderen möchten sie damit verarbeiten, welcher Psychoballast ihnen auf der Seele liegt, mit dem sie die Leser/innen belasten möchten. Denn bekanntlich ist ja geteilter Wahnsinn halber Wahnsinn. Und sie wollen eine Begründung dafür liefern, warum sie gezwungen waren, jahrelang Rauschmittel jeglicher Art zu konsumieren, um ihre Seele zu stabilisieren.*
*Diesen Drang verspüre ich nicht, zumal sich die negativen und skandalösen Erfahrungen bei mir in Grenzen halten, Gott sei Dank! Negative Erlebnisse gibt es wenige, möglicherweise hat sie mich ein gnädiges Schicksal auch vergessen lassen, skandalöse Eskapaden wüsste ich gar keine, mal abgesehen von einigen Bieren oder „Rüscherln" zu viel in leichtsinniger, teils auch euphorischer jugendlicher Stimmung. Meistens allerdings, um die Unsicherheit dem schöneren Geschlecht gegenüber abzufedern, ehrlich gesagt!*
*Andere Rauschmittel zur Bewusstseinserweiterung habe ich nie benötigt, mein Bewusstsein ist bis heute weit genug!*
*Und etliche Male habe ich, der Herrgott möge es mir verzeihen, in der Schule abgeschrieben, gelegentlich in Mathe, immer in Physik. Der Herrgott hat es mir offensichtlich auch verziehen, meine Lehrer/innen meistens nicht, sofern sie mich erwischt haben.*

*Was ich aber gerne zu Papier bringen möchte, sind meine Erlebnisse, meine Sehnsüchte, meine Vorlieben und meine Erfahrungen in den glorreichen 70er Jahren, in denen ich meine Jugend verbringen durfte. Dafür bin ich heute noch dankbar, denn rückblickend war es eine „geile" Zeit.*
*Das sagt wahrscheinschlich jede(r) über seine/ihre Jugendzeit, aber bei den 70ern stimmt es tatsächlich!*
*Tauchen Sie ein mit mir in die glorreiche Ära von Bravo, Sweet, Slade, Bay City Rollers (diese nur für kreischende Mädchen!), Led Zeppelin (diese nur für harte Jungs), samstäglichen Tanzveranstaltungen, langen Haaren, Cordhosen, verräucherten Wirtshäusern, VW Sciroccos mit Front- und Heckspoiler und vielem mehr!*
*Alle, die meiner Generation angehören, mögen sich gemeinsam mit mir erinnern – alle, die älter sind, mögen weiterhin denken, dass nur sie die wahren Rocker und Revoluzzer waren – und alle, die jünger sind, mögen die überraschende und fast unglaubliche Erfahrung machen, dass ein Leben ohne Handy und Tattoo nicht nur möglich, sondern sogar richtig schön sein konnte und kann! Und lustig!*

*Also, auf geht's, samma gemeinsam a bissl retro!*
*Ich wünsche allen viel Spaß, weil schee war's scho, gscheit schee!*

*Halt, eins noch: Alle Namen habe ich natürlich abgeändert!*
*Nicht, dass sich jemand wiedererkennt!*

*Ihr und Euer*
*Toni Lauerer*

# Es werde Licht

Heute zum Leidwesen vieler nicht mehr selbstverständlich, in den 70er Jahren noch weit verbreitet: Der Respekt vor der Staatsgewalt, insbesondere vor der uniformierten!
Man hatte damals schlagartig ein mulmiges Gefühl, wenn man mit seinem in aller Regel gebrauchten Kfz unterwegs war und unvermutet ein Polizeiauto (seinerzeit noch grünlich gefärbt) hinter, vor oder neben sich erblickte. Man kennt dieses mulmige Gefühl, das oftmals spontanen Harn- oder schlimmeren Drang auslöst. Dieses mulmige Gefühl hatte man allerdings nur tagsüber; nachts nach einem Gaststättenbesuch nicht, da wich es der nackten Angst!
Der Grund war manchmal technischer Art, weil man dem popligen VW-Käfer einen vom TÜV nicht genehmigten Auspuff verpasst hatte, dessen Röhren an einen D-Zug, mindestens aber an einen mittleren Schützenpanzer erinnerte. Aus eigener leidvoller Erfahrung weiß ich, dass diese Erhöhung des Schallpegels zwar die Kumpels beeindruckte und die spießigen Nachbarn ärgerte, aber auch zum Erlöschen der Betriebserlaubnis des Kfz führte! Das Bußgeld betrug seinerzeit 60 D-Mark, also die Hälfte meines damaligen Monatseinkommens, das mir eine Schüler- und Studentenhilfsorganisation namens BAFÖG zur Verfügung stellte.
Meist aber war die Ursache der Angst das diffuse Gefühl, nach drei Weißbieren gemäß eigener Einschätzung zwar noch absolut fahrtüchtig zu sein, nicht aber nach Einschätzung des Röhrchens, das die Freunde und Helfer bei sich hatten und in das sie uns Jungvolk mit großer Begeisterung blasen ließen, immer verbunden mit der Aufforderung „gscheit blosn, ned wia a Schuldeandl!“ Liebevoll garniert wurde die Aufforderung noch mit der Feststellung: „Saufa kinnts aa wia d'Ochsen, dann miassts aa gscheit blosn kinna!“
Ich weiß zwar bis heute nicht, wie ein Ochse säuft, auch nicht, wie ein Schuldeandl bläst, aber scheinbar nicht so gut wie ich, denn meine blaserischen Leistungen wurden von der Polizei immer mit einem anerkennenden Nicken gewürdigt.

Und ich darf, nicht ohne Stolz, hinzufügen, dass man mir nie die Fahrerlaubnis entzogen hat, obwohl man seinerzeit noch echtes Bier trinken musste, da leichtes Weizen noch nicht erfunden war und man im Lokal und tags darauf im ganzen Dorf verhöhnt wurde, wenn man etwas Alkoholfreies zu sich nahm.

Nur zur Verdeutlichung des letzten Satzes: Ein Individualist namens Karl-Heinz, der statt Bier ausschließlich gelbes Limo zu sich nahm, war jahrelang landauf, landab als Fanta-Hein verschrieen! Diese Schmach ebbte erst ab, als er aus beruflichen Gründen nach Niederbayern verzog, da er Brauer wurde.

Mit Schaudern denke ich an eine neblige Nacht im Oktober des Jahres 1978 zurück. Mein hellblauer VW-Käfer mit Ralley-Auspuff, der die kläglichen 45 PS des Kraftfahrzeuges zumindest akustisch kompensieren sollte, befand sich erst wenige Wochen in meinem Besitz. Mein Vater hatte den größten Teil des enormen Kaufpreises von 4800 D-Mark (gefühlt das letzte echte Geld vor Euro und Bitcoin) übernommen, da ich als Schüler nur das oben erwähnte BAFÖG als Einkommen erzielte und dies für den dringendsten Lebensunterhalt (Schafkopf, Weißbier, Zigaretten, Spielautomaten, Bußgeld) benötigte.

Da ich nun stolzer motorisierter Fahrzeughalter war, übrigens der erste in der Clique, beschlossen wir, am Wochenende nicht wie immer ins fußläufig erreichbare Stammlokal in Furth im Wald zu pilgern, sondern ein innes Gasthaus (es war bei der Jugend in!) im fernen Cham aufzusuchen.

Dort wollten wir ergründen, ob es die Chamer Damenwelt wert sei, die fast interkontinentale Strecke von 21 Kilometern auf sich zu nehmen. Und abgesehen davon, es schadet ja grundsätzlich überhaupt nicht, sich mit fremden Kulturen wie z. B. der der Chamer auszutauschen. Man kann voneinander lernen, wenn man die Fremden nicht gleich ausrottet wie vor langer Zeit die Spanier und Portugiesen die Hochkulturen Südamerikas.

Wir fuhren also, benetzt mit mehr als ausreichend Tabac – keine Zigaretten, sondern ein damals „hippes“ gelbliches Rasierwasser – zu sechst im VW Käfer nach Cham. Bitte nicht wundern, im

Extremfall hätten sogar sieben hineingepasst, denn wir waren damals noch deutlich gelenkiger und schlanker!
Der Verlauf des Abends ist schnell erzählt: Es ging nix, gar nix, eigentlich überhaupt nix, null, zero! Die Chamer Weiblichkeit wusste gesunde, durstige und kernige Burschen aus dem waldreichen bayerisch-tschechischen Grenzgebiet nicht zu schätzen, wir wurden nicht einmal ignoriert! Selber schuld, die Weiber!
Dann kam die Heimfahrt, wieder im VW Käfer und wieder zu sechst, aber der Geruch im Fahrzeug war ein anderer!
Meine Freunde hatten den Frust über die verklemmte und undankbare Chamer Weiberwelt mit reichlich Weißbier und etlichen Rüscherln abgemildert, ich als verantwortungsvoller Fahrer war nach dem zweiten Weizen auf Spezi umgestiegen, damals eher unter der Bezeichnung Quasch bekannt.
Ich mag gar nicht daran denken, wie alkoholschwanger die Luft in meinem engen Kfz war, ich hatte ehrlich gesagt Angst, allein durch zu tiefes Einatmen betrunken zu werden.
Im Laufe der Fahrt wandelte sich der Frust bzw. der Zorn über die ausnahmslos unwilligen Damen, die wir im Laufe des Abends gesichtet und für würdig erachtet hatten, in Mitleid. Viele Freuden der Lust würden ihnen entgehen, da sie uns nicht näher kennengelernt hatten! Arme Chamer Deandln!
Im Bewusstsein unserer eigentlich unwiderstehlichen Attraktivität und unseres Potenzials, Frauen glücklich zu machen, hatten wir die Stadtgrenzen von Furth im Wald erreicht!
Plötzlich überholte uns ein grünlich gefärbtes Fahrzeug der eingangs erwähnten Obrigkeit, eine Kelle mit roter Leuchtschrift „Polizei, bitte anhalten“ ragte aus dem Beifahrerfenster.
Schlagartig war die gute Stimmung dahin, meine Kehle wurde trocken und meine Hände feucht und Rudi äußerte sich vom Rücksitz aus kritisch mit den Worten „Geh läckme doch alls am Orsch, wos wolln denn de Deppen mittn in da Nacht?“
Ich fuhr (ohne zu blinken, da ich nervlich zu angespannt war) rechts ran und bat Rudi dringend, derlei Anmerkungen zu unterlassen, sobald ich die Kommunikation mit der Polizei eröffnet hatte.

Und schon stiegen zwei Personen, vermutlich je ein Freund und ein Helfer, gemächlich aus dem Einsatzfahrzeug und einer bat mich mit einer Handbewegung, das Fahrerfenster zu öffnen. Der andere betrachtete einstweilen die vier traurigen Gestalten auf dem Rücksitz und den rülpsenden rotäugigen Mane auf dem Beifahrersitz.
Der Schwall an verbrauchter und mit Weißbier, Rüscherln und Currywurstdampf verseuchter Luft ließ die Staatsgewalt vorübergehend angewidert zurückweichen. Ein ebenso unkontrollierter wie lauter weiterer Rülpser von Mane machte die Situation nicht angenehmer.
„Eieiei", sprach der Polizist, „des schmeckt ja, wia wenns a Bierfassl und Schnapsflaschn gleichzeitig zrissn hätte! Wos hamma denn getrunken, Herr Fahrer?"

„Zwoa Weißbier und vier Quasch“, antwortete ich hastig und wahrheitsgemäß, „ehrlich!“
„Des riacht owa ganz anders!“
„Des san de vier hinter mir, de hamm ganz schee eineglitert! Owa i bin ja da Fahrer, i reiß mi do immer zamm, Herr Kommissar! Weil wissens, bsuffa fahrn is ja a Straftat vom Gesetz her!“
„Aha“, grinste er vielsagend, „a Nebenerwerbsjurist! Naja, dann könnma also an Alkoholtest macha?“
„Jederzeit“, antwortete ich mit gespielter Lockerheit, aber innerlich voller Angst, „no her mit dem Rohr!“
Kurz war er durch mein nassforsches Auftreten irritiert, aber nur sehr kurz. Dann reichte er mir genüsslich das Säuferentlarvungsgerät und bat mich höflich, in dieses hineinzublasen mit den Worten: „Blosn, in einem Zug, ohne absetzen, kräftig, auf geht's! Und gell, voll ins Röhrl, ned blowing in the wind!“
Ich blies wie befohlen und er ging mit dem Röhrchen zum Einsatzfahrzeug, um das Ergebnis der Kontrolle bei Licht zu betrachten.
Kurz darauf kam er zurück und berichtete etwas zerknirscht, dass sich alkoholmäßig „nix fehle“. Schlagartig stieg mein Selbstbewusstsein und keck gab ich ihm zu verstehen, dass er früher aufstehen müsse, um mich eines Deliktes zu überführen.
Leider hatte ich nicht bemerkt, dass der grüne Kollege zwischenzeitlich wie ein Spion um mein Kfz geschlichen war.
„Der hod fei an Ralley-Auspuff an seiner Kistn dran!“, informierte er den, bei dem ich blasen gemusst hatte.
Ein Lächeln huschte über dessen Gesicht. „Da schau her! Hamma den scho beim TÜV abnehmen lassen und eingetragen, oder?“
„Ned direkt“, antwortete ich in meiner Hilflosigkeit, „nächste Woch hättes vorghabt eigentlich! I wollt gestern scho, owa dann hods grengt!“
„Aha, und wia lang hamms den scho dran?“
„Erst kurz, vorgestern hab i ihn eibaut!“
Jetzt kam der Einsatz von Rudi, dem Rindviech auf dem Rücksitz: „Wos? Vorgestern? Spinnst du? Den hob i dir doch vor mindestens sechs Wochen eibaut, mindestens! Glei wia du den kauft

host! Vorgestern sagt er! Bist du bsuffa oder wos?" Rudi, das Rindviech, schüttelte empört über meinen Gedächtnisschwund den Kopf.
Diese hilfreiche Bemerkung veranlasste den Polizisten, die Tonart in „streng" zu wechseln und folgende Worte an mich zu richten: „Ausweis, Führerschein, Fahrzeugschein, Warndreieck, Verbandskasten!"
Es dauerte lange, bis ich diese Artikel alle gefunden hatte, den Fahrzeugschein fand ich gar nicht.
In kurzen Worten erläuterte man mir den Sachverhalt, die rechtliche Bewertung und die Konsequenzen:
Der nicht eingetragene Ralleyauspuff führt zum Erlöschen der Betriebserlaubnis, weshalb ich das Fahrzeug seit Wochen illegal gefahren hatte. Dies habe einen Bußgeldbescheid zur Folge, der mir in Bälde per Einschreiben zugestellt werden würde.
Den Fahrzeugschein müsse ich binnen drei Tagen auf der Polizeidienststelle zur Kontrolle vorlegen.
Die Aufforderung, sofort auszusteigen und zu Fuß heimzugehen, traf mich und den Rest der Truppe wie ein Blitzschlag und flehentlich bat ich die Staatsgewalt, letztmals Gnade vor Recht ergehen zu lassen und mir noch die Heimfahrt zu genehmigen.
„Wie weit waar's denn noch?" fragte er.
„Naja, so circa fünf Kilometer insgesamt, i muass ja de alle no hoamfahrn!" Dabei deutete ich auf die Rückbank und deren angetrunkene Besatzung.
Gottlob hatte er Verständnis für unsere verzweifelte Lage und sprach: „Schauns, dass hoamkemma! Aber eine Bitte noch: Schaltens vorher beim Auto das Licht ein!"

Und ich hatte mich schon gewundert, dass es auf der Fahrt von Cham nach Furth im Wald trotz Vollmond relativ dunkel gewesen war.

# Sieben Waldler rocken ab

Es begab sich zu jener Zeit, als eine Rockgruppe namens „Status Quo“ mit dem Titel „Rocking all over the world“ ganz weit vorne in den Hitparaden lag.
Wir, meine Freunde und ich, hatten uns aus reiner Rebellion gegen die Eltern vom Schlager losgesagt, obwohl wir insgeheim noch Bernhard Brink oder Cindy und Bert (von uns liebevoll Rindvieh und Camembert genannt) hörten.
Aber nur insgeheim, offiziell waren wir Fans von Sweet, Slade oder eben Status Quo. Wir verstanden von deren englischen Texten allerdings nur die ersten drei bis vier Wörter, wenn überhaupt! Wir mussten dann in einer Art selbstentwickeltem Esperanto mitsingen oder einfach nur summen oder brummen, in der Not genügte auch ein rhythmisches Kopfnicken.
Diese eigenwillige und individuelle Interpretation ausländischer Texte hat sich übrigens bis heute bei uns erhalten!
So lebten wir glücklich und zufrieden mit unseren Kassettenrekordern und genossen die vom Radio aufgenommenen Hits.
Doch eines schönen Tages geschah es: Wir aus der Provinzwelt im Oberen Bayerischen Wald sollten mit der glamourösen Welt der umjubelten Rockstars in unmittelbaren Kontakt treten! Warum? Darum:
Irgendwer aus unserer (Knaben-) Clique hatte auf einem Plakat gelesen, dass Status Quo in Nürnberg auftreten würden und uns dies aufgeregt bei einem Colaweizen, einem damals sehr angesagten Getränk, berichtet.
„Stellts eich vor, Status Quo kemmand aaf Nürnberg, i glaub mei Schwein pfeift, do miassma hi, des kimmt so schnell nimmer, Status Quo in Nürnberg, geh läck mi doch alls am Orsch! Do miassma einfach hi, weil wenn mir do ned hifahrn, dann hoaßts später, mir warma ned durt!“ So oder so ähnlich waren seine geradezu herausgesprudelten Worte.
Uns alle erfasste spontane Begeisterung!
„Down, down“, „Caroline“ und natürlich „Rocking all over the world“ live hören, das war der wahre Sinn des Lebens, zumindest

für uns im Jahre 1977! Heiraten? Kinder? Beruf? Das hatte Zeit, zuerst musste man Status Quo live hören, damit man für das Leben gerüstet war!
Wir MUSSTEN alle sechs nach Nürnberg und wir hatten KEIN Auto, was nicht verwunderlich war, da auch noch keiner von uns den Führerschein hatte, außer den für Moped und Traktor! Aber weder mit Moped – nur drei von uns besaßen eines, so dass jeweils zwei Mann auf einem gesessen wären, und das im Oktober (!) – noch mit Traktor ist eine Fahrt von Furth im Wald nach Nürnberg ein angenehmes Unterfangen. Vom zeitlichen Aufwand ganz zu schweigen!
Doch dank vieler Abende in diversen Wirtshäusern kannten wir wichtige Leute, heute würde man sagen, wir verfügten über ein Netzwerk! Wichtig war für uns allerdings nicht jemand, der politischen oder wirtschaftlichen Einfluss besaß, sondern ein Auto!
Und Heinz besaß eines! Denn Heinz war in der Volksschule dank einmal Sitzenbleibens in unsere Klasse gegangen, obwohl er schon knapp zwei Jahre älter war als wir. Und dank seiner eher armseligen Noten war er nicht wie wir ein fast mittelloser Gymnasiast, sondern ein gutverdienender Maurer mit eigenem gebrauchten Kfz der damals rein tschechoslowakischen Marke Škoda, hellblau.
Ich rief ihn an und er war sofort begeistert. „Stäschnko san saustark! Wos singen denn de zum Beispül?"
„Rocking all over the world", antwortete ich.
„Saustark, rockollowödd! Saustark, echt! Do fohrma hi! Wia viel samma? Also insgesamt?"
„Du und mir sechs!"
„Saustark!"
„Passen de eine?"
„Koa Problem! Hint vier, vorn drei, kein Problem! Hint efentunell oaner quer, einmal geht das schon! Und Nürnberg is ned weit! Und in Kofferraum damma uns zwoa Kasten Bier eine und a Stang Salami, weil Nürnberg is zwar ned weit, owa dann doch weida, alsma moant! Fränkisches Ausland! Woaßt schon, wo da Trottl Droddl hoaßt und Paul Baul. Eventuell no 20 Brezn, ned

dass uns d'Salami z'gaach wird! Weil es is a Ziegensalami vom Onkel Gustl, der hod Goiß! Da Gustl und seine Goiß, ein Wahnsinn! Stinkand wie die Sau, owa ergeben a guade Salami!"

Das waren zwar sehr widersprüchliche Aussagen zur Entfernung Furth im Wald – Nürnberg, aber: Gesagt, getan!

An einem nebligen Oktobertag holte Maurer Heinz einen nach dem anderen ab. Toni (nicht ich, wir hatten einen zweiten Knaben mit diesem wunderschönen Namen in der Clique) war der letzte und musste sich auf dem Rücksitz über die drei dort sitzenden Provinzrocker quer legen. Gleich nachdem er dort lag, stieß er die verständliche Drohung aus: „Wenn oaner oan lasst, bringen um!" Gottlob konnte sich jeder beherrschen und Toni musste nicht zum Mörder werden!

Nun waren wir also unterwegs nach Nürnberg, auf unserer bis dahin weitesten Reise, auch Heinz und insbesondere sein Kfz waren noch nie so fern der Heimat gewesen.

Ich brauche nicht zu erwähnen, dass es seinerzeit noch kein Navi gab und so galt es, sich auf die Verkehrszeichen zu konzentrieren, zumal draußen dichter Nebel herrschte. Drinnen übrigens auch, da sich unter den sieben Insassen des tschechischen Vehikels fünf Raucher befanden, die ihrer Sucht ohne Rücksicht auf Verluste und Nichtraucherbronchien nachgingen.

Eine Straßenkarte hatten wir nicht mitgenommen, da sie uns sowohl unnötig als auch zu teuer erschien.

Man kann es sich heutzutage gar nicht mehr vorstellen, aber die Autobahn, die seit Jahren bequem von Schwandorf über Amberg nach Nürnberg führt, gab es damals noch nicht – und gerade damals und für uns wäre sie sehr nützlich gewesen!

Langer Rede kurzer Sinn: Nach deutlich über einer Stunde wussten wir nicht mehr, wo wir waren. Drei von uns tendierten bereits zu Mittelfranken, drei, darunter auch ich, wähnten uns noch in der Oberpfalz. Einer, nämlich Rudi, hatte den Verdacht, wir seien schon an Nürnberg vorbeigefahren, denn er war für ungefähr fünf Minuten eingenickt, vermutlich wegen Sauerstoffmangel aufgrund der Raucherei, und er dachte, er hätte eine Stunde oder so geschlafen.

Einer der Nikotinisten meinte, vor einiger Zeit, als er die Zigarettenkippe aus dem immer offenen, da kaputten Beifahrerfenster geworfen hatte, ein Schild mit der Aufschrift „Unverzollen 6 km“ oder so ähnlich erkannt zu haben. Aus heutiger Sicht dürfte es sich um Ursensollen gehandelt haben, aber selbst dies hätte uns Dorfpflanzen damals nichts gesagt.
Die Dunkelheit war nicht mehr fern, der Nebel wurde dichter und unsere Angst wuchs, den Beginn des Status-Quo-Konzertes zu versäumen.
Wir beschlossen, den nächstbesten Passanten, den wir schemenhaft am Wegesrand erkannten, nach dem Weg zu fragen.
Vor einem Bauernhof, der sich direkt neben der Straße befand, stand ein Knabe und starrte in den Nebel, warum auch immer. Heinz fuhr rechts ran, der rauchende Kurt auf dem Beifahrersitz rief dem Knaben in brutalstem Dialekt zu: „Hä du Schraz, wou samma denn? No dahoam oder scho bei de Frankenbeidln?“
Der Knabe riss schockiert die Augen auf, drehte sich um, schrie „Opa, Tschechen, a ganz Auto voll“, und rannte wie vom Leibhaftigen verfolgt in das Bauernhaus. Ich darf erläuternd hinzufügen, dass damals der Ostblock noch existierte und der Škoda demzufolge grundsätzlich als feindliches Fahrzeug angesehen wurde, zumindest von ungebildeten, ländlich geprägten Knaben. Diese gescheiterte Kontaktaufnahme mit einem Eingeborenen machte uns noch nervöser. Die Dunkelheit brach herein, es war kurz vor 19 Uhr und um 20 Uhr sollte in Nürnberg, das wer weiß wie weit entfernt war, das Konzert beginnen.
Heinz, der erfahrene Maurer, wusste Rat: Erstmal aussteigen, die Salami aus dem Kofferraum holen, Brotzeit machen und eine Halbe trinken! Dann könne man ja frisch gestärkt weitersehen.
Diese Idee wurde für gut befunden und alle sieben Mann schälten sich aus dem verräucherten Auto. Heinz stellte den Motor ab, denn Benzin sparen war das Gebot der Stunde, da die Tankanzeige schon seit Längerem kaputt war und, wie Heinz sich ausdrückte: „De steht zwar allerweil aaf Voll, owa nix Gwiss woaßma ned!“
Dies gilt allgemein, insbesondere aber beim Kraftstoffverbrauch

eines unberechenbaren gebrauchten Autos aus der Tschechoslowakei.
Nach einem schmackhaften und dicken Radl Salami, einer Brezen und einem Hellen waren wir wieder optimistischer und auch kontaktfreudiger. Wir beschlossen, die Bauernfamilie aufzusuchen und höflich nach dem Weg zu fragen, vielleicht war es gar nicht mehr so weit nach Status Quo.
Kare und ich wurden als Botschafter auserwählt und wir klopften an die Haustüre. Ein älterer Herr, vermutlich der Austragsbauer, öffnete und musterte uns misstrauisch, da wir ihm von dem dummen und schreckhaften Bub als Tschechen angekündigt worden waren.
Ich, schon damals sprachgewandt und weltoffen, stellte die Dinge in feinstem Hochbayerisch richtig: „Grüß Gott der Herr! Mir sind von Furth im Wald und wollen zu Status Quo auf Nürnberg fahren. Ist das noch weit und wo sind wir überhaupt, wenn ich fragen darf?“
Bevor er mir antwortete, wandte er sich seinem mich ständig angaffenden Enkel zu: „Aloisi, des san koane Tschechen ned, de schaun bloß so aus! Des san ganz normale Menschen!“
Dann sprach er die ermutigenden Worte: „Den Markus Kwo, zu dem ihr hiwollts, den kenne ned. Owa aaf Nürnberg is nimmer weit! Fahrts einfach de Straß weida, dann kimmt a Kreizung, dann rechts, owa do is eh scho Nürnberg ausgschildert und dann no a guade holwe Stund, dann seids durt, Burschen! Gute Fahrt und sagts dem Kwo an scheena Gruaß!“
Das war Musik in unseren Ohren, denn wir würden es noch schaffen! Wir bedankten uns herzlich, verzichteten darauf, ihm den Unterschied zwischen Status Quo und Markus Kwo zu erklären, rannten hinaus zum Auto und wiesen Heinz den Weg.
Der war, wie alle anderen, erleichtert und ließ um. Das heißt, er wollte umlassen, doch der Wagen sprang nicht an. Außer einem kratzenden Geräusch war nichts zu hören. Nach mehreren Versuchen war das kratzende Geräusch weg und man hörte gar nichts mehr, Heinzens Škoda stand still im Nebel.

„Hilft alls nix, mir miassma fremdstarten! Schaut's noml eine, ob de Leit a Starterkabel hamm! I hobs ja direkt beforchten, dass des passiert, weil de Batterie war scho hübsch schwach!“ So ein Aff, dachte ich, vermutlich nicht nur ich!
Kare und ich machten uns erneut auf den Weg zum Einödaustragsbauern und erbaten ein Starterkabel.
Die Antwort war ernüchternd: Man besaß ein Starterkabel, aber dieses befand sich im Auto des Jungbauern und der war mit dem Auto zur Feuerwehrübung gefahren, von der er selten vor 22 Uhr heimkomme! Und dann oft als Beifahrer im Auto eines Feuerwehrkameraden, da er den Begriff „Löschen“ bisweilen auf sich selbst bzw. seinen Durst beziehe.
Da standen wir also nun: sieben Mann und ein Auto. Heinz hatte in Maurerkreisen gehört, dass es die Möglichkeit gäbe, das bockige Kfz kräftig anzuschieben und dadurch zum Anspringen zu motivieren. Wir versuchten es, es blieb beim Versuch – tschechoslowakische Kfz sind noch bockiger als deutsche!
Dann schoben wir es von der Straße weg in die Scheune des Bauernhofes, da uns der Altbauer folgendes Angebot machte: „Doutsna in d Schupfa eine, den bejmischn Korrn!“
Hochdeutsch heißt das so viel wie: „Ich biete euch meine Scheune als vorübergehende Garage für euer qualitativ eher minderwertiges Fahrzeug aus dem Warschauer Pakt an!“
Gesagt, getan! Auto in die Schupfa, Salami, Bierkasten und wir in das Bauernhaus und auf ging's zu einem gemütlichen Abend!
Nach der dritten Halbe sangen bzw. brüllten wir alle uns bekannten Status Quo-Hits und nach der vierten Halbe (auch der Austragslandwirt hatte Bier im Haus) gaben wir melancholisch „Junge, komm bald wieder“ von Freddy Quinn zum Besten und sinnierten anschließend darüber, ob Antony und Freddy Quinn Brüder oder Cousins waren.
Irgendwann kam der Jungbauer von der Feuerwehrübung heim, führte sich mit einer Flasche Eierlikör in die Gesellschaft ein und beteiligte sich begeistert an der Spontanparty.
Irgendwann übermannte uns die Müdigkeit bzw. der Rausch und wir verteilten uns auf drei (!) Stuben, denn das landwirtschaft-

liche Anwesen hatte beinahe mehr Zimmer als Heinzens Škoda PS!
Nach einem erholsamen Schlaf, der lediglich durch zwei- bis dreimaliges Bieseln unterbrochen wurde (natürlich bieselten wir als Gentlemen nicht ins Bett, sondern draußen auf den Misthaufen!), machte uns die Jungbäuerin ein herzhaftes Frühstück, besonders die selbsteingelegten Essiggurken und die Rollmöpse fanden reißenden Absatz, und wir fühlten uns ehrlich gesagt sauwohl auf dem landwirtschaftlichen Anwesen im Großraum Sulzbach-Rosenberg.
Der amtierende Bauer startete unseren fahrbaren Untersatz fremd, und frisch gestärkt ging's gen Osten in die Heimat.
Während der Heimfahrt vereinbarten wir, unseren technischen Fauxpas nirgends zu erwähnen. Sollten uns Fragen zum Konzert gestellt werden, würden wir antworten, es sei der Hammer gewesen und jede Menge Weiber hätten mit uns abgerockt.
Sollte jedoch jemand, der uns kennt, diese Geschichte jetzt lesen, nochmals zur Verdeutlichung:
WIR WAREN NICHT BEI STATUS QUO! NEVER!!
Aber schön wars trotzdem!

# Biologisches Kiffen

Es war im Jahre 1972 in den Sommerferien, Tony Christie fragte gerade musikalisch nach dem „Way to Amarillo“ und Christian Anders stellte völlig desorientiert fest: „Es fährt ein Zug nach Nirgendwo!“

Und wir? Meine Kumpels und ich? Wir saßen, knapp unter bzw. knapp über 13 Jahre alt, in unserem Baumhaus und husteten uns die Seele aus dem Leib, weil uns die heimlich für zwei Mark aus dem Automaten gezogenen Zigaretten der heute weitgehend unbekannten Sorte „Peer Export“ weder schmeckten noch gut taten – was aber keiner von uns Raucherlehrlingen zugab.

Aber das Paffen war nicht die Hauptsache an diesem warmen Sommernachmittag. Rudi hatte im Bahnhofspapierkorb ein weggeworfenes Exemplar der Zeitschrift „Praline“ gefunden und es natürlich mitgebracht, um uns an diesem unerwarteten Schatz teilhaben zu lassen. Gemeinsam ergötzten wir uns nun an den Bildern von leicht bis nicht bekleideten jungen Damen. Uns waren der tiefere Sinn und die Feinheiten des Umgangs mit dem anderen Geschlecht zwar noch nicht so richtig klar, aber wir ahnten bereits im Innersten, dass weibliche Gesellschaft nicht zwangsläufig unangenehm sein muss.

Doch dies waren nicht die Probleme, die uns primär beschäftigten. Deutlich mehr Interesse weckte in uns das, was uns Rudi während der Lektüre der Schmuddelzeitschrift über seinen großen Bruder erzählte: Dieser studierte in Regensburg und – unglaublich, aber wahr – hatte dort mit anderen Studenten der Sozialpädagogik Gras geraucht! Gras!!

Wir konnten das gar nicht glauben, doch Rudi schwor bei der Gesundheit seiner Schildkröte „Grötl“, dass er sich nicht verhört hatte. Es hatte sich tatsächlich um Gras und nichts anderes gehandelt! Und was der Hammer war: Nach dem Rauchen des Grases sei der Bruder in eine nie gekannte Ruhe und positive Grundstimmung verfallen. Alles sei ihm wurscht gewesen, sogar sein erhebliches Übergewicht. Er sei sich plötzlich total attraktiv vorgekommen und begehrenswert.

Übergewicht? Begehrenswert? Das waren für mich die signalartigen Stichworte! Denn auch ich litt sehr unter den Pfunden, die sich an meinem pubertierenden Körper akkurat genau dort befanden, wo man sie sich als Knabe nicht wünscht. Ich nenne in diesem Zusammenhang nur die Begriffe „Hüftgold" und „Körbchengröße" und jedem/r Leser(in) dürfte klar sein, wie ich aussah, von begehrenswert weit entfernt!
Einmal die blöden Pfunde vergessen, einmal meinen, man wäre schön, das müsste etwas Wunderbares sein!
Und wenn das alles mittels des Rauchens von Gras möglich wäre, dann müsse man halt Gras rauchen, Punkt! Wobei mir nicht ganz klar war, wie man etwas rauchen sollte, das gar nicht brennt!
„Hod dei Bruada ehrlich ‚Gras' gsagt? Ned ‚Hei'?", fragte ich vorsichtshalber nochmal.
Heu rauchen, das erschien mir plausibler, denn dieses brennt und raucht demzufolge auch.
Doch Rudi blieb hartnäckig: Sein Bruder habe eindeutig „Gras" gesagt. Und er habe gesagt, dass er sich extra für 20 Mark Gras in Regensburg gekauft habe bei einem Psychologiestudenten im 19. Silvester oder so ähnlich. Gras, nicht Heu!
Was für eine Welt! Was für eine armselige Welt! In Regensburg war offensichtlich jedes Fleckchen Natur zubetoniert und man musste Gras kaufen, wenn man welches wollte! Hier bei uns wächst es massenhaft und kostenlos auf den zahlreichen Wiesen, wie Unkraut! Und da lachen die Städter über die Provinz! Arme Regensburger, arme Hamburger, arme Wiener und arme Pariser! Diese alle müssen für Gras vermutlich zahlen! In welch kostengünstiger Umgebung dürfen dagegen wir leben, gesegnet vom Schicksal und mit Gras!
Es wurde vereinbart, dass wir uns tags darauf wieder im Baumhaus treffen. Ich erhielt den Auftrag, eine Pfeife meines Großvaters mitzubringen, da dieser als bekannter Bipp-Raucher (Pfeifen hießen damals nach unserem Regionaldialekt Bipp) mehrere besaß. Die Beschaffung von Zündhölzern wollte Kare übernehmen und Gras wuchs unter dem Baumhaus zuhauf, dieses brauchten wir nur abzureißen.

In gespannter Erwartung gingen wir nach Hause, voller Vorfreude auf das Grasrauchen und das Gefühl, dass uns alles wurscht sein würde und wir uns begehrt fühlen würden.
Ich hatte in dieser Nacht einen seltsamen Traum: Ich war unförmig dick, noch viel dicker als in echt! Im Adamskostüm hüpfte ich trotz meines hohen Gewichtes zeitlupenartig und wie eine Gazelle über eine Wiese mit hohem Gras. Plötzlich schlug der Blitz in dieses ein, es begann zu brennen und zu rauchen und ich atmete den Rauch ein. Und siehe da: Nach dem ersten tiefen Atemzug war ich gertenschlank und begehrenswert! Ich merkte dies daran, dass ein wunderhübsches Mädchen, nur mit langen blonden Haaren bekleidet, zielsicher und mit zärtlichem Blick auf mich zulief.

Kurz bevor sie mir um den Hals fiel, wurde ich, wie immer in solchen Situationen, wach. Es war zum Verzweifeln! Nie habe ich einen erotischen Traum ordnungsgemäß und zufriedenstellend zu Ende geträumt!

Doch ich betrachtete es als gutes Omen, was das Grasrauchen betraf. Mit einer Pfeife machte ich mich am nächsten Tag auf den Weg zum Baumhaus. Alle anderen waren schon da, man wartete nur noch auf mich bzw. meine Pfeife. Frisches Gras und eine Schachtel Streichhölzer lagen schon bereit.

Wir ersparten uns lange Vorgespräche. Als Pfeifenbringer wurde ich auserkoren, den ersten Zug zu machen. Ich stopfte ein Büschel Gras in die Pfeife und versuchte, es anzuzünden. Doch es brannte nicht, es rauchte nicht einmal, es tat gar nichts. Ich hatte nichts anderes erwartet, denn jeder Idiot, auch ein erst 13-jähriger weiß, dass frisches Gras nicht brennt.

Vielleicht hatte Rudis Bruder zwar „Gras" gesagt, aber das Adjektiv „dürres" als selbstverständlich betrachtet und es deshalb gar nicht erwähnt,

Genau, das war die Lösung, natürlich! Dass wir da nicht gleich darauf gekommen waren!

Kare stieg rasch hinunter vom Baum und rupfte trockenes Gras aus, das im Hochsommer an jeder Böschung zu finden ist.

Nach wenigen Minuten war er zurück und übergab mir das Material, das meine Komplexe schwinden und meine erotische Anziehungskraft steigen lassen sollte.

Fachmännisch, wie ich es oft bei meinem Opa beobachtet hatte, stopfte ich die relativ dürren Halme in den Pfeifenkopf und zündete sie an – und siehe da: Weiß-gelblicher Rauch quoll vorne aus der „Bipp" und hinten zog bzw. sog ich kräftig an, um das bewusstseinserweiternde Produkt der Verbrennung möglichst rasch in mein Gehirn zu bekommen.

Alle sahen mich gespannt an.

„Gspirst scho ebbs?" fragte Rudi.

Ich antwortete noch nicht, um die Spannung zu steigern und nahm nochmal einen tiefen Zug, einen sehr tiefen.

Dann spürte ich etwas, nämliche eine plötzliche Übelkeit. Spontan kamen mir die zwei Pressacksemmeln in den Sinn, die ich zum Frühstück hinuntergeschlungen hatte, nach den zwei gekochten Eiern und der Buttermilch. Sie kamen mir nicht nur in den Sinn, sondern sie hatten offenbar in meinem Körper die Richtung verwechselt und krochen meine Speiseröhre hoch, ich fühlte es haargenau. Außerdem hatte ich den Eindruck, meine Rauchkumpane würden sitzend um mich kreisen.
Ich konnte gerade noch ein „I mou speim“ herauspressen und schon lag mein halbverdautes Frühstück vor meinen Freunden im Baumhaus, farblich beeindruckend gestaltet, da der Pressack ein roter gewesen war.
Dies war das einzige Mal in meinem Leben, dass ich Gras geraucht habe! Meine Freunde, die Augen- und Nasenzeugen dieses unappetitlichen Vorfalls gewesen waren, rauchten Gras nicht einmal einmal.
Aber in einem Punkt hatte Rudis Bruder recht: Mein Übergewicht war mir in diesem Augenblick wurscht! Im anderen Punkt nicht: Begehrenswert habe ich mich keinesfalls gefühlt! Eher bedauernswert!

# Spaßbremse Dr. Sommer

Handy, App, Facebook, Instagram, Twitter, TikTok – in den 70er Jahren komplett unbekannte Buchstabenkombinationen! Wörter wären es aus damaliger Sicht sowieso nicht gewesen!
Nun sorgen diese neuzeitlichen digitalen Segnungen (Segnungen? Ha-ha-ha!) dafür, dass bereits die vorpubertierende Jugend Bescheid weiß, wie der Hase läuft auf dem Gebiet der zwischenmenschlichen Beziehungen bis hin zur Vermehrung auf natürlichem Wege. Und zwar in Wort und besonders auch in Bild!
Von solchen mehr oder weniger hilfreichen Gebrauchsanleitungen konnte man als Teenager in den 70ern nur träumen, was man, zumindest ich, auch tat. Und weil die damalige Elterngeneration noch relativ verklemmt und „gschaamig" war, ließ auch von dieser Seite die sexuelle Aufklärung zu wünschen übrig. Die Eltern wollten sich mit derlei ekligen Dingen nicht auseinandersetzen!
Ich erinnere mich an eine fortschrittliche junge Mutter, die auf einer Bank im Park ihr Kind stillte, was von älteren Passanten mit einem angewiderten „ja pfui Deifl, alles hängt heraußen" kommentiert wurde. Traurig, aber wahr!
Auch in der Schule wurde das Thema sehr schnell ad acta gelegt, zumindest in unserer Klasse, die zu meinem Bedauern bis zur Jahrgangsstufe neun eine reine Knabenklasse war, was die Ungezwungenheit gegenüber dem anderen Geschlecht sehr erschwerte.
Und zwar wurde die Aufklärung in Sachen Intimitäten deshalb sehr schnell beendet, weil unseren Biologielehrer unser infantiles Gehabe dermaßen erzürnte, dass er den Themenbereich „Geschlechtliche Liebe und Sexualität" mit den frustrierten Worten: „Seids ihr kindische Deppen, dann macht's doch, was ihr wollt's, i klär euch nimmer auf! Irgendwann wird eine ungewollt schwanger von einem von euch Deppen, aber das ist mir dann auch wurscht! Machma weiter mit dem Thema ‚Pilze in Wald und Wiese'!"

Was war der Grund gewesen für seinen Grant?
Ein eigentlich banaler! Einer unserer Mitschüler, klein an Wuchs und noch kleiner an gebotener Ernsthaftigkeit, war beauftragt worden, das Kapitel „Der Geschlechtsakt zwischen Mann und Frau“ laut vorzulesen. Bereits nach wenigen Sekunden standen die an sich harmlosen, aber damals sprengstoffhaltigen Worte „das versteifte Glied des Mannes“ im Biologiebuch. Das war zu viel für meinen mit wenig Selbstbeherrschung gesegneten Klassenkameraden: In einem explosionsartigen Lachanfall prustete er los und die ganze Klasse stimmte begeistert und irgendwie befreit in das Gelächter ein.
Damit war das Thema Aufklärung abrupt beendet und wir alle wären verurteilt gewesen, dumm zu sterben, hätte es da nicht einen Mann namens „Dr. Sommer“ gegeben!
Dieser hatte eine zweiseitige Kolumne in der Jugendzeitschrift „BRAVO“, die damals jede/r las, um zu wissen, ob in der Hitparade Sweet mit „Co-Co“, T. Rex mit „Hot Love“ oder Peter Alexander mit „Feierabend“ vorne lagen.
Aber nicht nur das, man wollte natürlich auch und vor allem erfahren, wie man beim anderen Geschlecht landen konnte. Man war zwar erst knapp 15 Jahre alt, ahnte aber schon, dass es außer Fußball, Schafkopfen und Radfahren noch irgendetwas geben müsse, das auch Spaß macht und wozu man ein Mädchen benötigte.
Niemand wusste, wie Dr. Sommer aussah und ob er weiblich oder männlich oder sonstwas war, ich tippte immer auf einen Mann. Es gab allerdings auch böse Zungen, die behaupteten, er sei ein Phantom und in echt gar nicht existent, aber das war egal, denn: Er wusste auch auf die schwierigsten, peinlichsten und abartigsten Fragen eine Antwort!
Ein Knabe namens Oliver hatte einmal an den genialen Doktor geschrieben, dass das attraktive Nachbarmädchen unsterblich in ihn verliebt sei, dies aber nicht wisse. „Was soll ich tun, damit sie es endlich weiß“, war seine verzweifelte Frage. Ein Volldepp praktisch!

Aber auch für solche Querdenker (damals hatte dieses Wort noch eine völlig andere und harmlose Bedeutung!), wusste Dr. Sommer eine akzeptable Antwort! Soweit ich mich erinnern kann, riet er dem ratlosen Oliver, den Zustand des Nicht-Bewusst-Begehrt-Werdens zu genießen und gegenüber dem Nachbarmädchen zu schweigen. Denn wenn er es anspräche, wäre der ganze Zauber der knisternden Spannung zwischen ihnen beiden verflogen. Bestimmt würde sich einmal ein anderes Mädchen in ihn verlieben und diese Dame würde es dann auch merken, dass sie ihn liebe und dann würde es traumhaft werden. Er solle die Geduld nicht verlieren, denn immerhin sei er erst elf!
Grundsätzlich haben wir diese Fragen und Antworten immer gern gelesen, oft auch belacht, denn es beruhigt ungemein, wenn man dankbar bemerkt, dass man nicht der einzige Idiot auf der ganzen Welt ist!
Doch eines Tages führte die Kolumne von Dr. Sommer sowohl bei mir als auch bei meinen Kumpeln zu großer Frustration, fast schon zu Zorn und Verzweiflung. Vor allem aber führte sie zu einem totalen Einbruch unseres ohnehin kläglichen Selbstbewusstseins!

Was war geschehen?
Wir hatten uns in unserem Baumhaus versammelt, um das soeben neu erschienene „BRAVO“ gemeinsam zu lesen und zu analysieren. Ich weiß, eigentlich heißt es „die“ BRAVO, aber für uns war die Zeitschrift aus welchen Gründen auch immer geschlechtlich neutral.
Also, wir saßen im Baumhaus, hatten illegalerweise (wir waren erst 15!) einen Kasten Bier dabei und eine Schachtel „Lord extra“, eine damals gebräuchliche Zigarettenmarke.
Nach kurzer Sichtung der musikalischen Top 10 ging es zur Rubrik des weisen und verständnisvollen Dr. Sommer, noch waren wir in guter Stimmung!
Sepp, einer meiner Klassenkameraden und Freunde, las vor, wir anderen drei lauschten.
Ein gewisser Gottfried (was für ein Name!) hatte folgende Frage: „Ab wann soll man mit einem Mädchen etwas haben, damit man nicht übrig bleibt?“ Er hatte tatsächlich das Wort „übrigbleiben“ verwendet! Welch ein Knallkopf!
Jedoch, das war eine Frage, die uns natürlich alle beschäftigte und wir drängten unseren Kumpel: „Sepp, les weida! Dassma wissen, wann's Zeit wird mit de Weiber!“
Und Sepp las weiter! Eingangs seiner Antwort erging sich Dr. Sommer in allgemeinen Bemerkungen. Er wies darauf hin, dass die Liebe meist unerwartet und wie eine frische Sommerbrise (fanden wir angesichts seines Namens Dr. Sommer voll lustig) in das Leben tritt und man nichts erzwingen solle, einen zeitlichen Fahrplan gäbe es schon zweimal nicht!
Mit dieser vagen Hoffnung konnten wir wenig anfangen, wir hofften auf Konkreteres.
Und das kam! Eine bundesweite Statistik, so Dr. Sommer, zeige, dass erste geschlechtliche Kontakte, „Petting“ genannt, in Deutschland im Durchschnitt mit 14 Jahren erfolgten, der erste Geschlechtsverkehr im Durchschnitt (!) mit knapp 16 Jahren!
Mit knapp 16!!! Mit knapp 16??? Und mit 14 schon erste Schweinereien???

Ungläubig und schockiert blickten wir uns an. Abgesehen davon, dass die Petting-Phase unverrichteter Dinge längst vorbei war, waren wir alle bald 16! Und keiner von uns sah nicht einmal am entferntesten Horizont ein weibliches Wesen, das ihn hoffen ließ, den Durchschnitt für den ersten Geschlechtsverkehr zu schaffen. Außer mit dem Mofa hatten wir bisher an keinerlei Verkehr teilgenommen! Und unser Kontakt zum anderen Geschlecht hatte maximal darin bestanden, dass wir auf dem Pausenhof albern kichernd hinter Mädchen in Miniröcken oder Hot Pants hergegangen waren und errötend das Weite gesucht hatten, wenn sie sich umdrehten.

Wie immer man dieses Verhalten auch nennen mag, mit Geschlechtsverkehr hatte es nichts zu tun!

Da saßen wir also nun in unserem Baumhaus, vier Männer im besten Alter, aber komplett unbeweibt und ohne jegliche Aussicht, den nationalen Durchschnitt in Sachen körperliche Liebe zu erreichen, geschweige denn zu senken.

Nach kurzer Schockstarre zogen wir die einzige Konsequenz, die in diesem Fall helfen konnte: Jeder machte sich eine Halbe Bier auf!

Um das Ganze versöhnlich abzuschließen: „Übrig geblieben“ ist von den damaligen Baumhauskameraden keiner! Aber es hat gedauert!

# Der Fall mit dem Fahrrad

Im Tierreich gibt es zahllose Beispiele, wie sich männliche Exemplare der verschiedenen Gattungen ins Zeug legen, um Eindruck bei den Weibchen zu schinden.
Da findet man Vogelmännchen, die lächerliche Tänze mit gespreizten Federn aufführen oder die auch nur dümmlich herumhüpfen, um die arrogante Frau Vogel auf sich aufmerksam zu machen.
Auch bei den uns nahestehenden Affen machen sich die Männer für die Äffinnen noch zusätzlich zum Affen, obwohl sie schon welche sind!
Ganz krass verhält es sich es bei Nilpferden oder auch bei sonstigen größeren Kreaturen: Da enden die Kämpfe um die Gunst der (im Falle Nilpferd potthässlichen) Weibchen bisweilen sogar mit schweren, manchmal tödlichen Verletzungen!
Und warum das alles? Wieso dieser Aufwand? Nur um die Chance zu haben, sich zu paaren und seine vermeintlich wertvollen Gene und DNA-Stränge weiterzuvererben! Ein Wahnsinn eigentlich!
Wie gesagt, so verhält es sich im Tierreich.
Wir Menschenmänner mit unserer Intelligenz haben derlei Gehabe nicht nötig! Wir zeigen den Weibchen anderweitig, dass wir der ideale Paarungspartner wären: Mit einem PS-starken Auto zum Beispiel oder einem beinharten Sixpack oder beidem! Oder indem wir mit Lederhose und Wadlstrümpfen im Bierzelt auf dem Tisch stehen, „Wahnsinn“ von Wolfgang Petry brüllen und eine Maß Bier auf ex hinunterwürgen. Wenn man dann nach der vierten Ex-Mass und dem zweiten Schaschlik das Gleichgewicht und den Kampf gegen den Harndrang verliert und mit nasser Lederhose und vollgekotztem Hemd vom Tisch fällt, dann wissen die Dirndlträgerinnen: Jawoll, so müsste er sein, der Vater meiner Kinder, so und nicht anders!
Auch wir in den 70ern waren, obwohl erst 15 Jahre alt und seit wenigen Wochen mit einem flaumartigen Bartwuchs und einer brüchigen Männerstimme gesegnet, auf Weitergabe unserer Gene programmiert.

Irgendwie hoffte man immer, dass „ebbs“ geht. Wir wussten zwar nicht genau, was „ebbs“ war und vor allem wie es geht, denn mangels Handy waren wir nicht mit pornografischen Kurzvideos jeder Art versorgt, aber trotzdem: Schön wäre es schon gewesen, wenn „ebbs“ gegangen wäre!
Nun war es so, dass die Mädchen, die wir täglich um uns hatten, ehrlich gesagt ungeeignet für „ebbs“ waren. Nicht wegen ihrer Optik, um Gottes Willen, sie waren nicht hässlich! Aber es waren die Schwestern der Kumpel und irgendwie gehörten sie zum erweiterten Familienkreis. Es fehlte einfach der Reiz des Unbekannten, der männliche Forscher- und Eroberungsdrang wurde nicht geweckt. Man kannte sie ja eh schon ewig, sie waren nichts Neues, und außerdem: Einem Kumpel beichten, dass man sich in seine Schwester verliebt hat? UNMÖGLICH! Man wäre das Gespött der ganzen Bande gewesen! Hätte es das Wort damals schon gegeben, man hätte gesagt, ein absolutes No-Go!
Darüberhinaus bezeichneten wir Mädchen aus unserem direkten Umfeld allgemein als „Goaß“ und wer will schon seine DNA mit den Genen einer Ziege verbinden.
So dümpelte also unser Geschlechtsleben ereignislos dahin – besser gesagt, wir hatten keines! In unserer Phantasie vielleicht, mit Olivia Newton-John oder dem Bravo-Girl der Woche, denn die Gedanken sind bekanntlich frei, aber halt nur Gedanken.
Aber dann! Dann kamen die Sommerferien des Jahres 1974! Terry Jacks besang seine „Seasons in the sun“ und George McCrae säuselte seinen Welthit „Rock your baby“.
Warum erwähne ich diese Lieder? Weil ich bestimmte markante Erlebnisse immer mit bestimmten Musikstücken verbinde, schon seit jeher! Außer meiner Geburt, da lief meines Wissens keine Musik.
Aber zurück zu den Sommerferien 1974:
Etwas war anders als sonst! Vor dem Haus am Waldrand, an dem wir mit unseren Bonanza-Rädern immer vorbeifuhren, wenn wir unterwegs zu unserer Baumburg waren, um dort heimlich zu rauchen oder die damals harte Droge Eierlikör zu zutzeln, stand ein weißes Auto mit Regensburger Kennzeichen.

Warum? Was tat dieses Auto dort? An einem Ort, wo es nicht hingehörte! Es schien sich nicht nur um einen kurzfristigen Besuch zu handeln, denn das Auto befand sich schon am dritten Tage hintereinander dort.
Regensburg! Die ferne Weltstadt, in der noch keiner von uns gewesen war! Denn seinerzeit fuhr man nicht einfach so nach Regensburg zum Shoppen oder ähnlich sinnfreien Tätigkeiten. Wenn überhaupt, dann kam man als Schwerkranker mit dem Sanka dort hin, oder als Angeklagter bei einem Verbrechen vor das dortige Landgericht. Aber beides war uns gottseidank bis dato erspart geblieben.
Doch zurück zum Haus am Waldrand:
Nach einigen Tagen war unsere Neugierde ins Grenzenlose gewachsen. Mehrmals täglich fuhren wir am Anwesen vorbei, um eventuell einen Blick auf das zu erhaschen, was das weiße Auto mit dem R-Kennzeichen mitgebracht hatte. Ich weiß übrigens noch heute (!) das vollständige Kennzeichen, möchte es aber aus Datenschutzgründen für mich behalten.
Und dann war es so weit: Wir sahen die Mitbringsel aus Regensburg! Ganz kurz nur, aber sie waren weiblich und wunderbar! Im Garten waren sie – sie huschten gerade ins Haus, aber der kurze Blick auf sie reichte, um bei uns totale Begeisterung zu wecken! Die beiden Mädchen trugen nämlich Bikinis – orangefarben die eine, hellgrün die andere. Und die Bikinis waren der Grund, dass man das sah, was nur Mädchen und stark übergewichtige Knaben besitzen: Einen Busen! Im Bruchteil einer Sekunde sprang der Gedanke in unser pubertierendes Gehirn, dass „ebbs" gehen könnte!
Doch wie war vorzugehen? Die Mädchen ansprechen? Kam nicht in Frage, denn es geziemt sich nicht für einen Oberpfälzer, der auf dem Weg zum Manne ist, ein Mädchen einfach mündlich anzusprechen. Erst recht nicht, wenn dieses Mädchen aus der Metropole Regensburg stammt und den regionalen Dialekt aus dem bayerisch-böhmischen Grenzbereich vermutlich nicht versteht. Da muss man subtiler an die Sache herangehen, eine Taktik war vonnöten!!

Ideal wäre es natürlich, die beiden verlockenden Schönheiten würden UNS ansprechen, denn dann täte man sich leichter. Wenn sie beispielsweise „hey“ sagen würden, könnte man „hey-hey“ zurückrufen und schon wäre das Eis gebrochen und der Weg, dass „ebbs“ geht, wäre nur noch ein kurzer.
Kare und ich schmiedeten einen genialen Plan: Da die zwei Bikiniträgerinnen rein rechnerisch nur für zwei Jungmänner reichen würden, wollten wir uns von den übrigen infantilen Bandenmitgliedern absondern und uns die alleinige Aufmerksamkeit der Grazien sichern.
Die ins Auge gefasste Vorgehensweise war folgende:
Wir würden mit unseren aufgemotzten Radln (sie hatten sogar auf dem hinteren Schutzblech einen Aufkleber von Eintracht Braunschweig!) so lange vor dem Garten hin- und her bzw. auf und ab fahren, bis sie uns sähen. Sobald der Blickkontakt hergestellt sein würde, wollten wir mit den Fahrzeugen allerlei waghalsige Kunststücke aufführen, was den Regensburger Prinzessinnen sicher imponieren würde. Dann würden sie sich in uns todesmutige Stuntmänner verlieben, „hey“ zu uns sagen und es würde „ebbs“ gehen!
Nachdem „ebbs“ gegangen war, würden wir den anderen Deppen sofort davon berichten und der Neid der gesamten männlichen Dorfbevölkerung würde uns sicher sein! Ob wir dann dem Wunsch der verliebten Mädchen nachkommen und nach Regensburg heiraten würden, könnten wir ja später entscheiden.
So weit der Plan, nun zur Ausführung:
An einem milden Mittwochabend schritten bzw. fuhren wir zur Tat!
Meine Mutter hatte sich noch gewundert, weil ich mich entgegen meiner sonstigen Gewohnheiten mitten unter der Woche duschte, aber man will ja nicht unangenehm nach Kuh- oder gar Saustall riechen, wenn man sich der Kleidung entledigt, weil „ebbs“ geht!
Kare, ebenfalls wohlriechend, holte mich nach dem „Füttern“, wie man landläufig zur Stallarbeit sagt, ab, und hormonschwanger ging's in Richtung Haus am Waldrand.

Kaum waren wir 30- bis 40-mal vor dem Garten hin und her gefahren, kamen die Objekte unserer Begierde mit gefüllten Limogläsern und ebenfalls gefülltem Bikini aus dem Haus und setzten sich auf die blauen Plastikstühle, die neben dem Rhabarberbeet standen.

Bereits nach zehn weiteren Hin- und Herfahrten bemerkten sie uns, was man aus ihrem Kichern schließen konnte. Kare und ich waren uns in diesem Augenblick sicher, dass es die Frauen unseres Lebens sind, wobei wir noch nicht definitiv wussten, wer welche nimmt.

Jetzt mussten nur noch die Mädchen überzeugt werden, dass wir die Männer ihres Lebens sind und was für genetisch einwandfreie Paarungspartner wir abgeben!

Und wie kann man das besser beweisen als mit waghalsigen Dreh-, Sprung-, Brems- und Wendemanövern mit einem Bonanzarad! Und bei Gott: Wir zeigten, was wir an Akrobatik drauf hatten! Spontanbremsungen, bis die Reifen pfiffen, freihändiges Im-Kreis-Fahren, Pirouetten auf den Hinterreifen – wir zogen alle Register unserer Radlerkunst und waren direkt selber begeistert von uns!

In unsere Euphorie und Erregung merkten wir gar nicht, dass die Objekte unserer Begierde wieder ins Haus gegangen waren, da es kühler geworden war und bereits dämmerte. Wir steigerten uns indessen in eine fast ekstatische Performance hinein. Die erwähnte Dämmerung dürfte verantwortlich dafür gewesen sein, dass wir die Entfernung zum Randstein falsch einschätzten und es uns gleichzeitig mit Karacho „stülpte", wie man damals einen Überschlag nach vorne bezeichnete.

Es hatte fürchterlich gekracht und man hatte es offensichtlich auch im Haus noch gehört, denn die Maiden aus Regensburg kamen sofort heraus um zu schauen, was passiert sei.

Kare, ich und die Räder boten einen traurigen Anblick: Die Vorderreifen verbogen, unsere Stirn und die Knie wegen kurzer Hosen vom Split aufgeschürft und blutend, die Nase zwar nicht aufgeschürft, aber heftiger blutend als Stirn und Knie, und in unseren Augen Tränen des Schmerzes und vor allem der Schmach.

Und was taten die zwei Gören? Sie kicherten! Wir, nahezu lebensgefährlich verletzt und mit dem Tode ringend – und sie kicherten!
Zu allem Überfluss kam auch noch der Bewohner des Hauses heraus, der uns kannte und sagte: „Omei, da Done und da Kare! Hods eich scho wieder gworfa? Also ihr zwoa lerntses nie! Schautses eich an, zwoa glatte Deppen!“ „Genau, Onkel Franz!“, grinsten die blöden Gören. Lachend schüttelte Onkel Franz den Kopf und die drei gingen wieder hinein und ließen uns stehen.
Hinkend, blutend und still weinend schoben wir unsere kaputten Räder nach Hause. Gottlob war es schon fast dunkel geworden und niemand sah unsere Tränen.
Beim Abschied schworen wir uns hoch und heilig, niemandem von unserem blamablen Auftritt zu erzählen und Kare sprach mir aus der Seele, als er sagte: „Direkt schee warns eh ned!“

# Der Pharisäer von Zwiesel

Einer unserer „alten“ (in unserer Schulzeit war er noch jung) Lehrer, der in den 70er Jahren mehr oder weniger erfolgreich versucht hat, uns etwas beizubringen, hat bei einem Klassentreffen, das 30 Jahre nach unserer gymnasialen Schulentlassung stattgefunden hatte, zu mir gesagt: „Eins muss ich Ihnen schon bestätigen! Sie alle waren noch echte Typen, individuelle Charaktere. Schräg manchmal, aber unverwechselbar! Einzelexemplare sozusagen. Heutzutage sind die Kinder leider viel zu stromlinienförmig und austauschbar, angepasst. Bloß nicht auffallen, bloß nicht anders sein, sondern hipp wie die anderen, dieselbe Frisur, dasselbe Tattoo, dasselbe Outfit und dasselbe Handy sowieso! Schade eigentlich!“

Das hat mich, ehrlich gesagt, sehr gefreut. Und nach dem Klassentreffen habe ich oft darüber nachgedacht. Es ist schon wahr: Typen waren da schon dabei, auch schräge Typen! Ich erinnere mich beispielsweise an den Horst (Name natürlich auch geändert), der eine fast schon sadistische Lust dabei empfand, Klassenkameraden blöd dastehen zu lassen bzw. deren absolutes Nicht-Wissen zu outen und dabei der ganzen Klasse (außer dem Betroffenen) ein gewisses kostenloses Entertainment zu bieten.

Sein erklärtes Lieblingsopfer war Sigi. Der bot sich allein schon aus räumlichen Gründen an, denn er war Horsts Banknachbar in der vorletzten Reihe. Zudem war er oft schlecht vorbereitet, was die Absicht, ihn blöd aussehen zu lassen, natürlich sehr erleichterte. So richtig übel nahm Sigi dem Horst das allerdings nicht, denn ehrlich gesagt war er ja selber schuld, er hätte sich ja nur besser auf den Unterricht vorbereiten müssen! Dann wären ihm etliche Blamagen erspart geblieben. Aber diese Vorbereitung auf die Schule stört oft bei interessanteren Freizeitaktivitäten und deshalb verzichtete Sigi meist und gern darauf.

Ich erinnere mich an einige legendäre Gags von Horst, die die ganze Klasse und meist auch die betreffende Lehrkraft köstlich amüsierten.

An eine Deutschstunde zum Beispiel denke ich gerne zurück: Uns war am Vortag aufgegeben worden, den ersten Teil von Schillers „Wallenstein“ zu lesen und es war zu erwarten, dass der Inhalt abgefragt werden würde.
Sigi sah die Notwendigkeit dieser schwierigen Lektüre jedoch nicht ein, zumal herrliches Badewetter herrschte und er demzufolge die Notwendigkeit eines Freibadbesuches eher befürwortete.
Er hätte den Wallenstein natürlich auch im Freibad lesen können, wollte aber Angenehmes nicht mit Unangenehmem belasten. Dies rächte sich bitterlich.
Der Deutschlehrer, ein mit allen Wassern gewaschener älterer Pädagoge, bemerkte Sigis auffallende Coolness, die umfassendes, aber nicht vorhandenes Wissen vortäuschen sollte, sofort. Er stellte ihm folgende verhängnisvolle Frage: „Na Siegfried, hast es gelesen?“
„No freilich, Herr Professor!“, war Sigis falsche, aber selbstbewusst vorgetragene Antwort. „Sehr gut“, befand der Lehrer, „dann kannst uns sicher sagen, um welchen Krieg es im Wallenstein geht!“
Logischerweise konnte Sigi das nicht. Er hatte zwar die vage Vermutung, dass Wallenstein weder im Ersten noch im Zweiten Weltkrieg aktiv war, da sein altertümliches Outfit darauf hindeutete, aber welcher Krieg es tatsächlich war, das wusste der Teufel. Dieser saß in Gestalt von Horst neben Sigi und war der Meinung, dass nun ein großer Auftritt fällig war!
„Straubinger Wasserkrieg!“, raunte er dem ignoranten Banknachbarn zu. Der hatte von dieser kriegerischen Auseinandersetzung in der niederbayrischen Metropole noch nie etwas gehört, wusste es aber auch nicht besser und antwortete relativ unsicher: „Äh, da Ding war des, da Straubinger Wasserkrieg, Herr Professor!“
Breites Grinsen machte sich auf den Gesichtern der Klassenkameraden breit, die im Gegensatz zum armen Würstchen Sigi zumindest eine grobe Ahnung von der Materie hatten.

Der Lehrer hatte Horsts dreckiges Spiel natürlich sofort durchschaut und spielte mit, zum Vergnügen aller, außer Sigis natürlich.
„Sehr gut, Siegfried!“, lobte er den Vorgeführten, „sehr gut! Der Straubinger Wasserkrieg, der war's! In dem war Wallenstein als General aktiv.“
Zwar überrascht, doch stolz und dankbar zwinkerte Sigi seinem Banknachbarn zu.
„Und wenn du jetzt noch weißt, wann der Straubinger Wasserkrieg war, dann bist erlöst!“
Wieder hatte Sigi keinerlei Orientierung, doch wozu hatte er seinen Berater! Und auf diesen war Verlass!
„Bronzezeit!“, flüsterte der ihm augenzwinkernd zu und sicherheitshalber nochmals deutlich: „Bron-ze-zeit!“
Erfreut gab Sigi diese wertvolle Information an den Lehrkörper weiter: „Des war in der Bronzezeit, Herr Professor! Is scho hübsch lang her!“
Das Grinsen in den Gesichtern der Mitschüler wurde breiter, vereinzelt war auch ein Kichern hörbar.
„Da hast du recht, Siegfried, das ist lang her, sehr lang! Du darfst dich setzen, Note kriegst du heute ausnahmsweise mal keine! Es sei denn, du bestehst darauf!“
Ratlos suchte Sigi Horsts Blick. Dieser schüttelte erkennbar den Kopf, worauf Sigi den Braten roch und erleichtert sagte: „Passt scho, Herr Professor, Note brauchts koane! Dankschön!“
Ja, solch schlaue und zugleich gütige Deutschlehrer gab es in den 70er Jahren!
Doch auch unser Religionslehrer war eine Seele von einem Menschen.
In einer Religionsstunde lieferte Horst nämlich sein Meisterstück ab und wieder war (natürlich) Sigi das Opfer.
Ich erinnere mich noch gut, es ging um die Besiedlung des Bayerwaldes, die ja vermutlich von den Klöstern in Passau und Regensburg ausging und die meines Wissens im 8. Jahrhundert nach Christus ihren Anfang nahm. Der christliche Lehrer fragte die Klasse, ob jemand wisse, wie das erste Kloster in unserem

Heimatlandkreis Cham heißt, das bereits vor weit über 1000 Jahren gegründet wurde. Die meisten von uns wussten dies, denn schon in der Grundschule wurde uns im damaligen Fach Heimatkunde gelehrt, dass dies Chammünster sei.
Leider kam der Lehrer auf die Idee, Sigi danach zu fragen, dieser war gerade damit beschäftigt, die Mathehausaufgabe für die nächste Stunde anzufertigen bzw. abzuschreiben.
„Und Siegfried? Weißt du es?"
Sigi wusste nicht, ob er es weiß, weil er nicht wusste, was er überhaupt wissen sollte! Er hatte, abgelenkt durch eine kniffligе geometrische Aufgabe, die Frage nicht gehört.
Doch auf Horst war Verlass! „Der Pharisäer von Zwiesel", flüsterte er in Richtung Sigi. Da sich das irgendwie religiös anhörte, schöpfte dieser keinerlei Verdacht und antwortete laut und deutlich: „Der Pharisäer von Zwiesel!"
Nach einem kurzen stillen Moment des Staunens war brüllendes Gelächter der ganzen Klasse inklusive des Lehrers die Folge.
Sigi begriff sofort, dass er zum wiederholten Mal einem von Horsts derben Scherzen aufgesessen war und quittierte es mit einem lauten und gut hörbaren „du bist so ein Arsch, echt"!
Der Lehrer drückte es nobler aus: „Horst, es ist nicht gerade ein Zeichen von christlicher Nächstenliebe, wenn man einen Klassenkameraden dermaßen an der Nase herumführt! Der Pharisäer von Zwiesel! Wie kommst du nur auf einen derartigen Blödsinn!"
„Mei, Herr Professor, entweder des konn oaner oder des konn oaner ned! I konn's!", meinte Horst, erkennbar stolz auf seine biblisch-waldlerische Wortschöpfung.
Ich habe es schon erwähnt: Der Religionslehrer war eine Seele von einem Menschen und der amüsante Zwischenfall blieb sowohl für Horst als auch für Sigi ohne disziplinarische Folgen.
Rein privat hatte er aber schon eine Folge: Sigis Spitzname lautete ab diesem Tag „Pharisäer"!

# Der rote Bertl

Da sich der größte Teil meiner Schulzeit in den 70ern abspielte, kommt das Thema Schule in diesem rückblickenden Buch zwangsläufig öfter vor.
Wie bereits erwähnt und von einigen unserer Lehrer im Nachhinein lobend bestätigt, waren wir noch echte Typen, Individualisten quasi! Doch unter uns Individualisten gab es Einzelexemplare, die waren noch individueller und bei der ganzen Klasse beliebt, da sie regelmäßig zu unserer Erheiterung beitrugen, manchmal sogar zur Erheiterung der Lehrer, die ja in grauer Vorzeit auch mal Schüler waren und schülerische Originalität zu schätzen wussten. Nicht alle, aber einige!
Einer unserer Mitschüler, den man getrost als Prachtexemplar bezeichnen kann, war der Bertl. Über ihn gäbe es einige Anekdoten zu berichten. Allein schon seine Schulbank – ein wahres Kleinod! Unsere Bänke stammten ihrem Äußeren nach zu urteilen noch aus den Nachkriegsjahren und wurden erst nach und nach durch neuere ersetzt. Und Bertl hatte auf der Bank seiner Kreativität freien Lauf gelassen und mit dem Zirkel verschiedene Gedichte eingeritzt.
Hier alle zu zitieren würde zu weit führen, aber eines, das mir bis heute im Gedächtnis blieb, möchte ich kurz erwähnen:

*„Die Resi von der 7b*
*ist vom Gesicht her ziemlich schee,*
*doch es ist zum Weinen:*
*Busen hat sie keinen!“*

Ich kannte die Resi von der 7b auch und kann den Wahrheitsgehalt von Bertls Poem voll und ganz bestätigen, die Lage hat sich jedoch ab der neunten Klasse deutlich und sichtbar zum Positiven geändert! Ich kenn die Resi immer noch und inzwischen hat sie sogar Rückenschmerzen von der Gewichtsbelastung auf der Vorderseite. Doch dies nur nebenbei.
Gerne denke ich auch an eine legendäre Mathematikstunde zurück! Nach der Rückgabe einer Ex hatte sich Bertl bitter beschwert, weil er einen Fünfer bekommen hatte für seine kargen

Rechenversuche. Die Beschwerde zielte jedoch nicht darauf ab, eine bessere Note zu erhalten, sondern eine schlechtere! Eine für den Lehrer völlig überraschende Absicht! Doch Bertl's Beweggründe waren durchaus verständlich!
Rudi, sein Banknachbar, hatte für seinen jämmerlichen Zahlensalat einen glatten Sechser bekommen. Was ihn aber zunächst nicht sonderlich störte, da er diese Benotung von früheren Exen und Schulaufgaben gewohnt war. In Englisch oder Deutsch erzielte Rudi durchaus zufriedenstellende Leistungen, doch die Hintergründe mathematischer Formeln oder Geheimnisse wie dem Dreisatz oder das Kürzen von komplizierten Brüchen blieben ihm zeitlebens ein Rätsel. Er kommentierte diese traurige Tatsache stets mit einem trockenen „alles konnma ned kina!"
Diese positive Lebenseinstellung und die Sechser in Mathe hatte er mit Bertl gemeinsam. Als aber Bertl dieses Mal mit einem Fünfer glänzte, war das zu viel für Rudi und er bezichtigte seinen Schulkameraden des Strebertums!
„Er, da ganz Gscheit!", meinte er abschätzig, „übertreibs fei ned, du Klugscheißer! Wenns aso weidageht, dann schreibens des naxte Mal an Vierer, Herr Einstein!"
Dieser bittere Vorwurf traf Bertl voll ins Herz! Er, der niemals zur Bildungselite gehören wollte, ein Streber! Niemals! Never! Voller Zorn meldete er sich.
„Ja Bertl, was gibt's?", fragte ihn der Lehrer.
„Weil des a Schmarrn is, Herr Professor, der Fünfer! Mir passt des gar ned! Den hab i ned verdient!"
„Ja mei Bertl, wenn halt deine Leistung ned besser war! Da kann man nix machen!"
„De war ned BESSER, Herr Professor, de war SCHLECHTER! I mag an Sechser, wie der Rudi! Weil mir sind Kameraden und er hat grad Streber zu mir gsagt. Und Einstein! Des tut mir psychisch voll weh, bitte gebens mir aa an Sechser!"
Unser Mathelehrer, ein sehr erfahrener und beliebter Pädagoge, stutzte kurz, sagte aber dann: „Ja wenn's nicht mehr ist, Bertl! Nichts leichter als das! Komm vor mit deiner Ex, das kriegen wir hin!"

Bertl brachte sein blamables Machwerk zum Pult, der Lehrer strich mit seinem roten Stift den Fünfer durch und machte einen Sechser daraus.

Stolz, beruhigt und frohen Herzens setzte sich Bertl wieder auf seinen Platz und zeigte Rudi seine frisch erworbene Zensur.

Rudi nickte anerkennend und die ganze Klasse bewunderte Bertl ob seiner konsequenten Haltung.

Ich bin mir ziemlich sicher, dass der Lehrer in seinen internen Notenbogen eine Fünf und keine Sechs eingetragen hat, aber der äußere Schein war gewahrt und Bertl musste sich nicht als ungeliebter Streber fühlen!

Noch unterhaltsamer war ein Vorfall bzw. waren mehrere Vorfälle im Fach Kunsterziehung, bei denen Bertl auch im Mittelpunkt stand.

Es begann damit, dass wir einen neuen „Zeichenlehrer", wie wir den Lehrkörper für Kunsterziehung nannten, bekamen.

Wie bei anderen Pädagogen auch, wollte Bertl diesem als Begrüßungsgeschenk seine Individualität beweisen. In diesem Fall dadurch, dass er als Einziger ohne Malkasten im Zeichensaal erschien.

Das fiel zunächst nicht auf, erst als es hieß, wir sollten ein abstraktes Porträt unseres Nebenmannes malen, musste Bertl sich outen.

Er meldete sich.

„Ja bitte!", sprach der Lehrer, der, da neu an der Schule, Bertl und seine Individualität noch nicht kannte, „wer bist du und was ist?"

„Ich heiße Albert und es ist so, dass ich keinen Malkasten nicht dabei habe! Aus diesem Grund tue ich mich mit dem Malen hart!"

„Wieso hast du keinen Malkasten dabei? In Kunsterziehung muss man damit rechnen, dass gemalt wird!"

„Da haben Sie vollkommen recht, Herr Professor! Es ist mir auch ein Rätsel", antwortete Bertl und erntete dafür ungläubiges Staunen des Kunsterziehers und breites Grinsen der Klasse.

„Das nächste Mal bitte mit Malkasten!"

Es klang wie ein Befehl des Lehrers, der unwirsch den Kopf schüttelte über so viel Dummheit. Dass es mit Dummheit nichts zu tun hatte, sondern mit Individualität und Entertainment, das konnte er nicht wissen, zumindest zu diesem Zeitpunkt noch nicht! Dass es noch weitaus schlimmer kommen würde, das ahnte er auch noch nicht – wir schon!
Eine Woche später versammelte sich die 8a, die aus uns bestand, wieder im Zeichensaal. Bertl hatte offenbar Eindruck hinterlassen, da er bereits beim Betreten gefragt wurde: „Malkasten dabei heute?"
„Jawoll!", antwortete er stolz und knapp und zeigte das geforderte Utensil dem Lehrkörper.
„Sehr gut, Herbert!"
„Albert, Herr Professor!"
„Genau! Sehr gut, Albert! Setz dich!"
Albert, nicht Herbert, setzte sich und die abstrakte Porträtmalerei, die die Woche zuvor ohne Mitwirkung von Bertl begonnen worden war, wurde fortgesetzt. Man ahnt es schon: Nicht von der ganzen Klasse wurde sie fortgesetzt, denn Bertl meldete sich.
„Ja, Albert, was gibt's?"
„Ich kann nicht malen, Herr Professor!"
„Albert! Jeder kann malen! Einer besser, der andere schlechter! Aber malen kann jeder!"
„Ich nicht, weil ich habe keine Farbe!"
„Keine Farbe? Wieso keine Farbe? Du hast mir doch gerade deinen Malkasten gezeigt!"
„Ja schon, aber da ist keine Farbe drin, schauns!"
Forschen Schrittes ging der Kunstpädagoge zu Bertl und blickte in einen absolut leeren Malkasten, eigentlich in eine blecherne Hülle mit der Aufschrift „Pelikan".
„Sag mal, spinnst du? Was soll denn das?"
„Herr Professor, Sie haben gesagt, dass ich einen Malkasten mitbringen muss, von Farbe war nicht die Rede!"
Gespanntes Grinsen der Klasse war die zwangsläufige Folge dieser kecken Bemerkung. Der Lehrer wurde hysterisch: „Wenn du meinst, du hast es hier mit einem Idioten zu tun, dann bist du

bei mir genau an der richtigen Adresse! Du hast nächste Woche eine Farbe dabei, sonst hagelt es einen Verweis! Ich habe Verständnis für einen guten Gag, aber das geht zu weit! Es gibt Grenzen, mein Lieber! Übertreibe es nicht! Hast du mich verstanden?"
„Jawoll, Herr Professor! Entschuldigung, nächste Woche ist im Malkasten eine Farbe drin, ich verspreche es!" Er erhob die rechte Hand zum Schwur.
„Hoffentlich! Und damit du heute nicht untätig herumsitzt, zeichnest du deinen Nachbarn mit Bleistift!"
„Aber ich habe keinen Nachbarn, weil wir wohnen auf einem Einödhof!"
„Übertreibe es nicht!", zischte der Lehrer, „übertreibe es nicht! Du sollst deinen Banknachbarn zeichnen, nicht deinen Nachbarn zu Hause!"
„Ach so, den!", sprach Bertl treuherzig und begann zu zeichnen, denn einen Bleistift hatte er überraschenderweise dabei. „Schau ned so bläd, weil i muass di zeichnen!", ermahnte er seinen Nebenmann.
Die Klasse bewunderte Bertl's Ideenreichtum und freute sich schon jetzt auf die nächste Stunde im Fach Kunsterziehung. Es sollte sich erweisen, dass die Vorfreude berechtigt war!
Gleich zu Beginn meldete sich Bertl eifrig und informierte lauthals über seine Ausrüstung: „Ich wollte bloß sagen, dass ich einen Malkasten dabeihabe, mit einer Farbe!"
„Sehr gut, Albert!", lobte der Lehrer den offenbar Geläuterten. Er war sichtlich froh, Bertl mit gerechter Strenge in die Herde der braven Schüler zurückgeführt zu haben.
„Dann bitte weitermachen mit dem abstrakten Bild des Nebenmannes, wir sollten heute fertig werden!"
Eifrig wurde nun gemalt im Zeichensaal, auch Bertl malte erstmals mit. Allerdings machte sich allmählich eine Unruhe in Bertl's unmittelbarer Umgebung bemerkbar, auch ein unterdrücktes Kichern war zu hören.
Dem Kunstpädagogen schwante Übles, er stand von seinem Stuhl auf und näherte sich Bertl. Als er den offenen Malkasten erblickte, glaubte er, nicht recht zu sehen: Genau eine Farbe befand sich

darin, nämlich karminrot, ansonsten war das Behältnis komplett leer. Demzufolge hatte auch das abstrakte Bildnis von Bertl's Nebenmann einen deutlichen Rotstich, es war eigentlich nur rot, karminrot, einem Indianer nicht unähnlich!
„Das ist eine Unverschämtheit, das gibt einen Verweis, meine Geduld ist am Ende, ich lasse mich von dir nicht zum Narren machen, ab jetzt ziehe ich andere Seiten auf!", quoll es aus dem Lehrkörper heraus. Er bekam einen hochroten Kopf, aber nicht karminrot, ein anderes Rot, fast lila.
„Warum, Herr Professor?", fragte Bertl unaufgeregt und mit treuem Hundeblick, „Sie haben gesagt, ich soll einen Malkasten mitbringen mit Farbe, nicht mit Farben!"
„Des stimmt, Herr Professor!", schaltete sich Rudi ein, der karminrot gemalt worden war und der sich in der Rolle des Pflichtverteidigers für den Angeklagten Bertl sah. Alle nickten zustimmend, aus verschiedenen Ecken war ein „genau, so war's!" zu hören.
„Saubande, greisliche!", war der unerwartete Kommentar des Lehrers. Und irgendwie hatten wir das Gefühl, dass er dabei leicht, aber anerkennend in sich hineingrinste.
Es gab übrigens keinen Verweis für Bertl, nur die gut hörbare Aufforderung, nun mit dem Unsinn aufzuhören und zur nächsten Stunde einen komplett ausgestatteten Malkasten mitzubringen.
Und Bertl hatte dann einen nagelneuen Malkasten dabei, mit allen Farben, mit drei Pinseln und sogar mit Deckweiß!
Obwohl, nagelneu war er nicht ganz: Karminrot war schon ein bisschen gebraucht!

# Ohne Hirn nach Dornbirn

Wer mich kennt, der weiß: Ich bin ein hoffnungsloser Optimist! Solange ich denken kann, habe ich in kritischen Situationen immer gedacht: „Wird scho hihaun!" Hat es auch, meistens jedenfalls.

Erstmals ein eher schlechtes Gefühl hatte ich, als ich mich im zarten Alter von 13 Jahren unsterblich in ein Mädchen an unserer Schule verliebte, die zwei Klassen unter mir war, schönheitsmäßig aber 20 Klassen über mir! Da dachte ich im Hinblick auf meine Erfolgsaussichten eher „des wird nix"! Und es wurde nix!

Bis heute hat die Dame, deren Geburtsdatum und damalige Telefonnummer ich noch heute weiß, keine Ahnung, dass sie einen leicht übergewichtigen und pickligen Verehrer hatte und zwar von 1972 bis 1974. Ja, Sie rechnen richtig: Drei Jahre dauerte diese sehr einseitige Liebesbeziehung!

Irgendwann hatte ich das Herzeleid überwunden und ich konzentrierte mich wieder auf die angenehmen Sachen, die das Leben für Männer meines seinerzeitigen Alters bereithält: Schafkopfen, mit Freunden einen Schmarrn machen und mittels des Radiorekorders „This flight tonight" von Nazareth oder „Theo, wir fahrn nach Lodz" von Vicky Leandros, in die ich übrigens teilweise auch verliebt war, in ihre süße Nase nämlich.

Es war eine schöne und unbeschwerte Zeit, man musste, da noch so gut wie ohne Einkommen, keine Steuern zahlen und was man heute nicht tun mochte, das tat man morgen oder überhaupt nicht. Und sie verging wie im Flug, diese Zeit, viel zu schnell im Nachhinein!

Dann kam 1978 und es ging rasant auf die Abiturprüfungen zu. Und nach Jahren meldeten sich wieder Zweifel in meinem Hirn. Diesmal nicht, ob mir ein bestimmtes Mädchen hold sein würde oder nicht, sondern, ob ich das Abitur schaffen würde oder nicht. Ich hatte nämlich viel zu viel Zeit mit angenehmen Dingen verplempert und viel zu wenig mit Lernen verbracht.

Beim Schreiben der Prüfungen war ich noch guter Hoffnung gemäß meinem altbewährten Beruhigungsmantra „wird scho hihaun", doch umso näher die Bekanntgabe der Noten rückte, umso mehr machten sich böse Gedanken in meinem Hirn breit, die bis hin zum Durchfall (notenmäßig, nicht anatomisch!) reichten. Umso größer war die Erleichterung, als die Ergebnisse bekanntgegeben wurden: Reifeprüfung bestanden, allgemeine Hochschulreife erlangt! Der Notendurchschnitt hätte besser sein können, aber auch schlechter!

Ebenso freudig erregt wie ich waren meine besten Kumpel und Klassenkameraden Sepp, Toni 2 und Kare. Dass diese bisher höchste Hürde unseres Lebens (der Mopedführerschein war ein Klacks dagegen, der Autoführerschein auch) übersprungen war, galt es angemessen zu feiern!

Ok, zunächst mit einem Kasten Doppelbock, einer Stange Hartwurst (so hieß damals die Salami, Vegetarier gab es nur in Berlin und Indien) und einem Laib Bauernbrot – aber das war nicht genug, denn so feierten wir fast jeden Anlass; eigentlich sogar, wenn wir gar keinen hatten!

Nein, das bestandene Abitur verlangte nach mehr, nach viel mehr! Wir mussten etwas machen, was wir noch nie gemacht hatten! Etwas Besonderes, etwas Außergewöhnliches, etwas Haarsträubendes, damals hatten wir nämlich noch Haare!

Und dann, nach der dritten Flasche Doppelbock, hatte Kare die Idee, die uns alle sofort begeisterte: Wir machen eine Weltreise! Also nicht direkt eine komplette Weltreise – wir fahren nach Österreich! Und zwar eine ganze Woche lang, mit meinem VW-Käfer und zwei Zwei-Mann-Zelten, denn Hotels waren nicht bezahlbar. Und mit jeder Menge Neugier auf Dinge, die wir noch nie gesehen und erlebt hatten, zum Beispiel Berge über 2000 Meter oder echte Österreicher. Und Österreicherinnen! Wenn die alle so aussahen wie Sissi, dann: Mein lieber Herr Gesangsverein! Dass Sissi eigentlich eine Bayerin war, verdrängten wir. Dass sie in echt nicht so aussah wie die junge Romy Schneider, auch!

Österreich! Unbekanntes, fremdes Österreich! Damals war es nämlich noch nicht so, dass jeder Grundschüler schon die verschiedenen Hotel-Pools in Antalya kannte oder die Trink- und Textilgewohnheiten am Ballermann! Neinnein, damals verbrach-

te man als junger Mensch die Ferien noch zu Hause, maximal bei Onkel Heinz und Tante Dorle in Deggendorf!
Voller Tatendrang planten wir unsere Expedition in den tiefen und hochalpinen Süden. Zuerst kauften wir eine Straßenkarte „Südbayern und die Alpenländer“. Sie begann zwar erst ab der Donau, aber bis Regensburg würden wir auch ohne Karte finden, Navi gab's, wie bereits erwähnt, auch keines. Man musste noch lesen können, um die Hinweisschilder zu entziffern.
Die zwei Zelte steuerte Toni 2 bei, denn die hatten ihm seine Eltern für den Ausflug mit den Ministranten gekauft. Warum zwei? Weil die Eltern meistens zerstritten waren und nicht miteinander sprachen und deshalb kaufte der Vater ein Zelt und die unwissende Mutter auch. Merke: Es muss nicht immer ein Nachteil sein, wenn die Eltern untereinander bocken!
Da eine gemeinsame europäische Währung noch nicht einmal in Gedanken vorhanden war, tauschten wir auf der Bank pro Mann 150 D-Mark in österreichische Schilling um und eines Samstags ging es mit meinem Käfer ab nach Süden.
Vor lauter Aufregung hatte keiner von uns ein Frühstück hinunterbekommen und schon nach 20 Minuten ereilte uns in der Kreisstadt Cham massiver Hunger.
Wir erblickten eine Tankstelle, neben der ein Imbissstand stand. Ich musste ohnehin noch volltanken, übrigens zum damaligen Preis von 90 Pfennig pro Liter, das entspricht ungefähr 45 Cent! Unglaublich, wenn man die heutigen Summen betrachtet, die man für eine Tankfüllung hinblättern muss! Und damals bekam man noch kostenlos Blei dazu, das sich im Benzin befand – gibt's heute auch nimmer!
Ich tankte und meine Mitfahrer holten zwischenzeitlich viermal Currywurst mit Pommes vom Imbiss, für 2,80 DM pro Portion – ein damals normaler Preis, der sich aber später noch als extrem günstig herausstellen sollte!
Gut gelaunt und voller Tatendrang ging es weiter. Die Currywürste wurden natürlich im Auto verspeist, da es zum einen draußen begonnen hatte zu regnen und da wir zum anderen das himmlische Curry-Ketchup-Aroma im Fahrzeuginnenraum genießen

wollten. Die im Anschluss an das Essen von Kare gerauchte Zigarette vervollständigte das Geschmackserlebnis.
Die weitere Fahrt bis zur österreichischen Grenze ist relativ schnell erzählt:
Neben drei Kaffee- und sich daran zwangsläufig anschließenden Pinkelpausen ereignete sich nicht viel. Erwähnenswert ist vielleicht noch, dass ich mich auf der Autobahn Richtung München – ich hatte bis dahin noch keine Autobahn befahren – dem Geschwindigkeitsrausch hingab. Man mag es kaum glauben, aber in einzelnen Streckenabschnitten, in denen es geländemäßig bergab ging, wurde unsere Stundenkilometerzahl kurzfristig sogar dreistellig! Und das mit vier Mann, zwei Zelten und vier Schlafsäcken Inhalt! Und dazu „Rivers of Babylon" und vor allem „We will rock you" im Radio – das Leben war schön!
Natürlich hegten wir die Hoffnung, dass junge, hübsche und zu Vielem bereite Österreicherinnen über uns vier coole Typen aus dem Oberpfälzer Wald herfallen würden! Für diese waren wir ja Exoten, und exotische Männchen sind bei den Weibchen immer beliebt!
Das kann man auch bei Affen beobachten! Ich hatte einmal im Fernsehen eine Dokumentation gesehen, da schenkten die Schimpansenfrauen einem männlichen Eindringling aus einer fremden Gruppe mehr Beachtung als dem eigenen Oberaffen!
Das teilte ich meinen Mitfahrern mit und gemeinsam bedauerten wir, dass wir keine Affen waren, denn bei denen ging es sofort zur Sache, was das Geschlechtliche betrifft, ohne langes Gerede! Affenfrauen erwarteten weder Komplimente noch Gespräche!
Heute sind wir vier natürlich viel reifer und regelrechte Frauenversteher, aber damals waren wir mangels Erfahrung noch glatte Deppen, die Affen sein wollten!
Mit derlei nachpubertären Gedanken ging's straff nach Süden.
Als Hinweisschilder die Weltstadt mit Herz ankündigten, beschlossen wir, diese zu meiden. Nicht, weil wir sie nicht leiden konnten, der Grund war ein anderer:
Ich war Führerscheinneuling und hatte bis dato die dank des Eisernen Vorhangs eher verkehrsarme ostbayerische Heimat nicht

verlassen, zumindest nicht als Fahrer im eigenen Kfz. Und man hatte von Fällen gehört, gerüchteweise zwar nur, aber immerhin, in denen Fahrnovizen aus der Provinz sich in die Münchner Innenstadt gewagt hatten. Dort waren sie mangels Orientierung auf den Mittleren Ring geraten und hatten diesen nicht mehr verlassen können! Der Grund waren ebenso rücksichtslose wie schadenfrohe Großstädter, die die Landmenschen mit ihren großstädtischen Protzautos vorne, hinten, links und rechts eingekeilt hatten, so dass diese keine Fluchtmöglichkeit hatten, ohne einen Unfall zu verursachen.
Oft erst in den frühen Morgenstunden hatten die traumatisierten, übermüdeten und ausgedörrten Provinzfahrer eine Lücke im Verkehrsstrom entdeckt und panikartig den Moloch München verlassen, in welche Richtung auch immer – notfalls nach Salzburg, Hauptsache weg vom verfluchten Mittleren Ring!
Und diese Fahrer hatten sogar noch Glück gehabt, denn anderen war nach stundenlangem Kreisen am Olympiazentrum und an der Donnersberger Brücke vorbei das Benzin ausgegangen und sie mussten ihr Fahrzeug auf dem Mittleren Ring stehen lassen und zu Fuß die Flucht zur nächsten Tankstelle antreten! Anzeige der Polizei wegen mutwilligen Tankleerfahrens inbegriffen! Das hatten wir gerüchtemäßig gehört.
Wir ließen also die Landeshauptstadt im wahrsten Sinne des Wortes links liegen und erreichten einige Zeit später weiter südwestlich das Allgäu, von wo aus wir irgendwann die Grenze nach Österreich passierten, damals natürlich noch mit Grenzkontrolle. Stolz zeigten wir unsere Ausweise her, denn vorher hatte uns noch nie jemand danach gefragt. Die Frage, ob wir etwas zu verzollen hätten, verneinten wir wahrheitsgemäß, denn muffelnde Schlafsäcke und Zelte galten schon in den 70ern nicht als Schmuggelgut.
Irgendwann erreichten wir einen Ort namens Dornbirn in Vorarlberg. Unmittelbar nach dem Ortsschild erblickten wir einen Imbisstand und uns fiel ein, dass wir seit Cham keine feste Nahrung mehr zu uns genommen hatten, Kaugummi und Zigaretten (seinerzeit liebevoll „Lungenbrötchen“ genannt) ausgenommen.

Ich fuhr rechts ran, denn uns allen stand der Sinn nach einer Currywurst mit Pommes, von der man ja ruhig auch zwei pro Tag essen kann. Und es wäre ja interessant, wie diese Spezialität in Österreich zubereitet wird und schmeckt.
Wir freuten uns schon darauf, erstmals mit ausländischen Devisen einzukaufen, denn das ist eine der Tätigkeiten, die einen Mann zum Mann von Welt machen!
Ein sehr dunkelhäutiger Dornbirner begrüsste uns mit einem offenbar speziellen Vorarlberger Dialekt, indem er auf unser Kfz-Kennzeichen deutete und sprach: „Deutschland gutt! Du Karlsruhe?“ Er deutete auf unser Kfz-Kennzeichen.
„Nein“, antwortete ich, „CHA ist Cham, nicht Karlsruhe!“
„Cham gutt!“
„Mersse“, freute ich mich, „viermal Currywurscht mit Pommes!“
Seine Begeisterung wuchs: „Currywurst Spessialität von mich! Spessialsoße selb erfunden, gutt! Frisch! Mache Sonderpreis für deutsch Tschentlemän! Deutschland gutt! Ich arbeiten viel Jahr Stuttgart! Daimler gutt! Du woher genau? Cham?“
„Vo Furth samma!“, antwortete ich wahrheitsgemäß, „Bayern, böhmische Grenz!“
„Oktoberfest gutt!“, meinte er spontan und schon hatte er vier Currywürste in Scheiben geschnitten und sie zusammen mit den Pommes in einer hellbraunen Sosse ertränkt.
Er reichte sie uns stolz und machte uns wie versprochen einen Sonderpreis. „Normal ein Currywurst mit Pommes und Spessialsosse 110 Schilling, Sonderpreis für Bayern 100 Schilling, cheap, cheap, billig, Sonderpreis! Gutt!“
Ohne groß nachzudenken, bezahlte jeder von uns 100 Schilling und mit unserer tropfenden Vorarlberger Spessialität gings zurück zum VW-Käfer und weiter Richtung Süden.
Die Currywurst schmeckte tatsächlich nicht übel, wie halt eine Currywurst so schmeckt, ähnlich einer deutschen.
Sepp, der einzige, der von uns in Mathematik einen Einser hatte, hielt beim Essen kurz inne, seine Stirn runzelte sich und dann sprach er den Satz: „Mir san fei ganz schöne Deppen! Der Baraber

hod pro Currywurscht knapp 14 Mark verlangt! Do hättma in Cham pro Mann fünfe kriagt dafür! So ein Saukopf!"
Nur kurz kam in uns der Gedanke auf, umzukehren und dem unverschämten Hundling Wucher vorzuwerfen und auf eine Herausgabe des zu viel verlangten Geldes zu drängen. Zum einen hatte der Mann so ausgesehen, als ob er womöglich mafiös organisiert und mit ihm nicht zu spaßen ist; zum anderen hätten wir den Imbisstand wahrscheinlich eh nicht mehr gefunden, weil sich keiner von uns auch nur annähernd auskannte.
Wir genossen also unser Nobelmahl und bald waren wir wieder überzeugt, die Coolsten überhaupt zu sein.
Am Abend begann es zu dämmern, insofern unterscheidet sich Österreich nicht von Bayern. Wir sahen an einem Bächlein ein Schild mit einem Zelt darauf und freuten uns, einen kostenlosen Platz zum Übernachten unter freiem Himmel gefunden zu haben. Schnell waren die beiden Stoffunterkünfte aufgebaut und die vier Schlafsäcke darin platziert.
Es war ein außergewöhnlich warmer und schwüler Sommerabend und wir kamen nach kurzer Beratung zu dem Entschluss, das nächste Dorf aufzusuchen, dessen Lichter man in der Ferne blinken sah. Dort wollten wir in einem österreichischen Wirtshaus ein österreichisches Bier trinken, womöglich sogar mit jungen österreichischen Frauen! Bier von irgendwo holen und am Ufer des Bächleins trinken kam nicht in Frage, da die Stechmückenpopulation im Uferbereich bei ca 10.000/qm lag. Und wie bereits erwähnt: Es war schwül und die blutsaugenden Insekten waren in bestechender Stimmung!
Wir ließen das Auto stehen und gingen zu Fuß, denn wie uns die Lichter bewiesen, war es nicht weit und so konnte auch ich eine Mass oder gar zwei trinken!
Gesagt, getan! Der Eindruck hatte nicht getäuscht und schon nach gut zehn Minuten standen wir vor dem „Wirtshaus zum Wirt", einer einladenden Gaststätte mit originellem Namen und urigem Aussehen. Wir lugten durch ein Fenster, um eventuell junge Österreicherinnen darin zu erspähen, sahen aber nur alte Österreicher. Es schien eine richtige „Boazn" zu sein, also: Hinein!

Damals war es noch Brauch, dass man grüßte, wenn man ein fremdes Haus betrat und mit einem freundlichen „Griaß God miteinander!“ gingen wir in die Wirtsstube.
Die Eingeborenen sahen uns an und einer, der ein ölverschmiertes Käppi mit der Aufschrift „Steyr“ (eine österreichische Traktormarke) trug, fragte spontan: „Seids Deitsche, ha?“
„Ja“, antwortete ich, „owa vo Bayern!“
Das Eis war gebrochen! „Dann hockts eich her!“, lud er uns ein und schon waren wir in der Runde der freundlichen Aborigines aufgenommen. Der mit dem Käppi war scheinbar der „natural speaker“, denn er stellte die Fragen. Wir mussten erzählen, wo wir herkamen und wo wir hinwollten, was wir beruflich machten, ob wir schon eine Freundin haben und warum nicht. Das Bier floss in Strömen und zwischendurch wurde uns vorsichtshalber ein Marillenbrand spendiert, denn, so die Aussage der Fachmänner „sonst werd's wieder niachtern und des is ned angenehm! Dann habt's koa Gaudi nimmer!“
Draußen entlud sich die Schwüle in einem heftigen Gewitter und es goss wie aus Kübeln. Wie froh waren wir, hier im Trockenen zu sitzen! Wir hofften, die lästigen Stechmücken neben unseren Zelten am Bächlein würden alle jämmerlich ersaufen!
Nachdem sich das Gewitter verzogen hatte, gingen wir nach einem herzlichen, von Umarmungen begleiteten Abschied zurück zum Bächlein.
Zu unserer Überraschung war dort, wo wir dieses vermuteten, ein ziemlich breiter, rauschender Fluß!
„Done“, fragte mich ein konsternierter Sepp, „wos is do lous? Samma mir in die falsche Richtung ganga? Wou is unser Bacherl? Und vor allem: Wou san unsere Zelte und de Schlafsäcke? Do stimmt wos ned! Done, i sogs dir, do is wos faul!“
Verwirrt lauschten wir dem Gurgeln des Flusses in der Dunkelheit.
Ein fahler Mond schien kurz durch die abziehenden Gewitterwolken. Mittendrin rief Toni 2: „Geh leck mich fett! Schauts hi!“ Er deutete in Richtung des Flusses.

Schemenhaft erkannten wir mein Auto. Es stand haarscharf am Flußufer, obwohl ich es gut zwanzig Meter vom Bächlein entfernt geparkt hatte. Die Zelte hatten wir allerdings nur fünf Meter vom Ufer des Bächleins entfernt aufgebaut, um uns vom Murmeln und leisen Plätschern des Wassers in den Schlaf wiegen zu lassen. Trotz einer Gesamtpromillezahl zwischen sechs und acht wurde uns die schreckliche Wahrheit bewusst: Dieser rauschende Fluss war noch vor Kurzem unser Bächlein gewesen! Und unsere Zelte und Schlafsäcke waren in den Fluten versunken und vermutlich schon unterwegs ins Schwarze Meer oder wo immer auch diese braune Brühe hinfloss! Nur das Auto und das nackte Überleben waren uns geblieben und zwar knapp!

Da von Fahrtüchtigkeit unsererseits keine Rede mehr sein konnte, verbrachten wir die Nacht im Fahrzeuginneren, unter wüsten Verrenkungen. Wir untersagten Kare das Rauchen, denn die Mischung aus Bier- und Marillenschnapsdampf roch hochexplosiv! Mit einem hundsgemeinen Schädelweh wurden wir tags darauf wach.

Ebenfalls hundsgemein war die Tatsache, dass das hinterlistige Bächlein wieder genau so unschuldig dahinplätscherte wie vor dem Gewitter. Zelte und Schlafsäcke haben wir nie mehr gesehen.

So endete unsere erste Fahrt ins Ausland und verkatert und fast ernüchtert traten wir die Heimreise an.

Doch schon einige Tage später erzählten wir voller Stolz und natürlich maßlos übertrieben von unseren Abenteuern im Alpenland. Gletscher kamen in unseren Erzählungen vor und Murmeltiere, und da die Zeit den Blick verklärt, waren wir alle vier der Meinung: Also schee war's eigentlich scho!

Wer uns aber bis heute leid tut, sind die vielen jungen und schönen Österreicherinnen, die uns nie kennenlernen durften!

# Der verfluchte Zeichensaal

An seine Mitschüler erinnert man sich seltsamerweise ein ganzes Leben lang, an bestimmte Mitschüler noch länger! Mitschülerinnen natürlich eingeschlossen!
An manche Menschen, mit denen man erst vorgestern zu tun hatte, denkt man schon heute nicht mehr! Klingt komisch, ist aber so.
Und dann gibt es Mitschüler, an die erinnert man sich und sofort huscht ein Grinsen oder ein ehrfürchtiger Schauer über das Gesicht. Über zwei davon habe ich schon berichtet.
Das Im-Gedächtnis-Bleiben kann verschiedene Gründe haben, intellektuelle Genialität des Klassenkameraden beispielsweise. Ich kann mich an einen erinnern, dem konnte im Fach Mathematik keiner und keine auch nur annähernd das Wasser reichen.
Ich, der ich geometrische Gebilde wie Parallelen, die sich angeblich in der Unendlichkeit treffen, stets als Feinde betrachtete, die mir Böses wollten – ich, für den Sinus, Cosinus oder Tangens zeitlebens fremdartige und rätselhafte Begriffe blieben, ich hatte größte Hochachtung vor diesem Genie!
Nur, damit Sie, liebe Leser(innen), einen Eindruck von den damaligen Verhältnissen bekommen: Wenn ich in einer Matheschulaufgabe die Note 3 (in Worten: DREI) erzielte, was selten vorkam, erwägte ich, in der Krypta eine Kerze zu stiften zum Dank an den gütigen Gott, der mir in seiner Gnade für einige Momente Erleuchtung geschenkt hatte im Dunkel der Formeln und der Berechnung des Rauminhaltes von Hohlkörpern.
Hatte dagegen das erwähnte Genie einen Zweier, war die Verzweiflung groß! Bleichheit des Gesichtes und ungläubiges Kopfschütteln ob dieses niederschmetternden Versagens waren zu beobachten – und das nicht nur beim Schüler, auch beim Lehrer!
Ich erinnere mich, als er einmal fassungslos und vorwurfsvoll zu seinem Vorzeigeschüler sagte: „Ja sag einmal, was hast denn du gehabt, als du die Schulaufgabe geschrieben hast? War dir schwindlig? Oder übel? Hättest halt was gesagt, dann hättest heimgehen dürfen! Der Zweier haut dir jetzt den Schnitt von

1 komma Null auf 1 komma 33 runter! Das hätte es nicht gebraucht! Das nächste Mal reißt du dich bitte wieder zusammen! Ich hoffe, das war ein einmaliger Ausrutscher!“
Ich wenn einen Zweier erzielt hätte, wäre der Kommentar des Pädagogen ganz anders ausgefallen, wahrscheinlich so: „Von wem hast du abgeschrieben, Lauerer?“ Oder etwas gnädiger: „Jaja, manchmal findet ein blindes Huhn auch ein Korn!“ Denn ich gehörte für den Mathelehrer zur trübsinnigen grenzdebilen Masse, die man halt irgendwie durchbringen muss bis zum Abitur.
Wie gesagt, an dermaßen kluge Schüler erinnert man sich besonders.
Aber an lustige und irgendwie irre noch mehr und begeisterter!
So einer war der Klausi Bucher. Wir sprachen ihn in der Koseform an, da er klein von Wuchs war, aber größer als wir alle, was verrückte Ideen und kreatives Entertainment seiner Mitschüler betraf!
Eines Tages zum Beispiel, es dürfte in der achten Klasse gewesen sein, setzte er sich nach der großen Pause vor der Religionsstunde an seinen Platz in der letzten Reihe und zog sein Hemd aus, sodass sein damals noch haarloser Oberkörper völlig nackt war.
Wir fragten ihn, was das zu bedeuten habe und er meinte grinsend: „I möcht bloß wissen, was er sagt, wenn er mi so segt!“ Mit „er“ meinte er unseren Religionslehrer, einen gütigen älteren Pädagogen, der uns nichts Böses wollte. Aber Güte wird von infantilen Knaben leider selten honoriert, eher das Gegenteil ist oft der Fall.
Unser christlicher Lehrbeauftragter betrat das Klassenzimmer.
„Guten Tag, liebe Schüler (gendermäßig korrekt, denn wir waren eine reine Knabenklasse!), beten wir zunächst einmal!“
Wir standen auf und murmelten das Schulgebet, das ich nie so richtig verstanden hatte. Es endete mit „Gelobt sei Jesus Christus, in Ewigkeit Amen, setzen!“
Erst jetzt wich seine Andacht der Aufmerksamkeit. Sein Blick schweifte kontrollierend über das Klassenzimmer und dann bemerkte er Klausi, der mit käsiger Brust in der letzten Reihe saß.

Ungläubig kniff der Lehrer die Augen zu und öffnete sie dann wieder um zu prüfen, ob es vielleicht eine optische Täuschung gewesen war und Klausi eventuell nur einen fleischfarbenen Pullover trug.
Es war keine gewesen, er trug überhaupt keinen Pullover!
„Bucher, wieso bist du nackt?"
„Ich bin doch nicht nackt, Herr Professor!"
„Halte mich nicht zum Narren, natürlich bist du nackt! Ich bin doch nicht blind!"
„Ehrlich nicht, Herr Professor! Ich habe doch eine Hose an! Sogar Schuhe! Und Socken!"
„Ja schon, aber oben! Oben bist du vollkommen nackt!"
„Oben schon, Herr Professor!"
„Wieso, wenn ich fragen darf?"
„Weil ich schwitze wie eine Sau, Herr Professor!"
„Bucher! Sprich nicht so ordinär! Dies ist ein Gymnasium, eine höhere Bildungsanstalt!"
„Entschuldigung, Herr Profesor! Weil ich transpiriere wie eine Sau!"
„Bucher, mit dir nimmt es kein gutes Ende! Du hast keine Ernsthaftigkeit in dir!"
„Entschuldigung, Herr Professor, aber da kann ich nichts dafür! Mein Vater sagt oft zu mir, dass ich ein glatter Depp bin! Meine Mutter sagt, das ist vererbt!"
„Nun ja, Bucher, ich kenne deinen Vater nicht. Aber ich werde für dich beten!"
„Dankschön, Herr Professor!"
„Aber jetzt zieh dich bitte wieder an! So heiß ist es doch nicht hier herinnen!"
„Aber ich schwitze wirklich, Herr Professor! Vor allem oben herum!"
„Hast du Fieber? Ist dein Kopf heiß? Meier (das war der Banknachbar), fühle einmal, ob Buchers Stirn heiß ist!"
Fonsi Meier fühlte. „Eiskolt, Herr Professor!", meldete er, „da fehlt's größer!"

Wie gesagt, unser Religionslehrer war ein ebenso gütiger wie erfahrener Pädagoge und er ließ es dabei bewenden. Klausi Bucher saß die ganze Stunde frierend mit nacktem Oberkörper da und genoss seinen Auftritt sichtlich. Ich denke noch heute, fast fünfzig Jahre danach, gerne daran zurück!

Sein Meisterstück lieferte Klausi aber schon ein Jahr früher, in der siebten Klasse, es war fast schon legendär, was sich seinerzeit ereignete.

Damals war unsere altehrwürdige Schule, das Joseph-von-Fraunhofer-Gymnasium in Cham, eine einzige Baustelle, denn es wurde von Grund auf saniert und erweitert.

Da wir im Rahmen der Sanierung einen modernen Zeichensaal erhalten sollten, fand das Fach Kunsterziehung vorübergehend in der alten Turnhalle statt. Und in dieser befand sich ganz vorne eine Bühne, da dort offenbar in früheren Zeiten das Schultheater seine Herberge hatte.

Im Bühnenboden befand sich eine ca. 1 mal 1 Meter große Öffnung, abgedeckt mit einem Deckel aus Holz. Ich denke, die Vertiefung war einst für die Souffleuse gedacht, die half, wenn einer der schauspielernden Schüler nicht sehr textsicher war.

So weit, so gut.

Nun hatte Klausi folgende aberwitzige Idee ausgebrütet: Wir sollten ihn vor der Kunsterziehungsstunde in das Loch hineinheben, was angesichts seiner geringen Körpergröße und seiner schmächtigen Statur kein Problem war. Sodann sollten wir den Holzdeckel wieder zumachen. Dann, einige Minuten nach Beginn der Zeichenstunde, wollte er allerlei unheimliche, vielleicht auch, wenn sein Körper es hergab, unflätige Geräusche von sich geben und so den Zeichenlehrer zum Grübeln und die Klasse zum Lachen bringen.

Nach einiger Zeit sollten wir uns dem Lehrer gegenüber outen und so den sicherlich gelungenen Streich beenden. Dann sollten wir Klausi wieder aus dem Loch holen und er würde ein berühmter Schüler sein. Ähnlich wie die beliebte Kinderromanfigur „Karlsson vom Dach“ würde er sich künftig „Klausi vom Loch“ nennen. Da der Zeichenlehrer Humor hatte, würden keine dis-

ziplinarischen Strafmaßnahmen erfolgen und wenn, dann würde es das wert sein.
So war der Plan! Nun zur Realität:
Die Zeichenstunde begann nach der zweiten Pause. Bereits zehn Minuten davor waren wir im Saal und versenkten Klausi im Bühnenloch, um dann den Deckel wieder fest zu verschließen.
„Zefix, is do herunten finster!“, hörten wir ihn noch sagen, „und alles voller Spinnweben, pfui Deifl! Do war de letzten 20 Johr koana heruntn! Holts mi fei dann wieder außa aus dem Dregloch!“
Was keiner von uns zu diesem Zeitpunkt wusste, vor allem er nicht: Er musste volle 50 Minuten in seinem modrigen Verlies ausharren! Und das kam so:
Der Anfang der Kunstunterrichtsstunde verlief wie immer. Wir standen auf und sagten laut im Chor: „Grüß Gott, Herr Professor!“ Dann setzten wir uns und der Herr Professor deutete fragend auf Klausis Stuhl.
„Dem Bucher ist nicht recht“, sagte der Klassensprecher, denn so hatten wir es ausgemacht, „eventuell speibt er!“
„Na gut“, meinte der der Lehrer, „dann machen wir weiter mit der Collage ‚Mutter Natur‘!“
Wir holten unsere begonnenen Werke samt den von zu Hause mitgebrachten Blättern, Halmen und Blüten hervor und collagierten wie befohlen.
Plötzlich hörte man eine dumpfe, unheimliche Stimme, die sprach: „Wehe mir! Ich bin verflucht! Huhu! Wehe, wehe!“
Wir sahen uns erstaunt an, obwohl wir nicht erstaunt waren. Einer aber wirkte überhaupt nicht erstaunt: Unser Kunsterzieher! Er saß wie immer vorne an seinem Pult und blätterte als Liebhaber der griechischen Kultur der Antike in einem Bildband über ionische Säulen.
Und abermals hörte man die Stimme aus dem Untergrund: „Wahrlich, ich sage euch, Furchtbares wird geschehen! Berge werden ins Meer sinken und die Erde wird Feuer speien, auch in Cham! Es geht dahin!“
Soviel Poesie hätten wir Klausi gar nicht zugetraut.

Doch nichts geschah. Der Lehrer zeigte keinerlei Reaktion. Wir wussten nicht so recht, was wir davon halten sollten. Klausi fuhr unverdrossen fort mit seiner Gruselshow, er steigerte sich in einen wahren Rausch hinein, jetzt begann er sogar zu reimen: „Der Schnee ist weiß, das Blut ist rot, kurz vor eins sind alle tot!“ Eine furchtbare Prophezeiung, aber dichterisch eher untere Qualität! Und wieder keine Regung des Lehrers! Was war hier los? Hatte ihn plötzliche Taubheit befallen? Klausi hatte das mit dem Tod fast geschrieen.
Der Klassensprecher meldete sich: „Äh, Herr Professor!“
„Ja bitte?“
„Hören Sie des ned?“
„Was denn?“
„No des, die Stimme!“
„Welche Stimme denn?“
„De Stimme, die wo allerweil etwas sagt!“
Der Lehrer lachte und meinte: „Ihr wollt mich wohl veräppeln! Ich höre nichts, und ihr doch auch nichts, oder?“
Jetzt waren wir vollkommen konsterniert. Wieso hörte der das nicht? Klausi mühte sich redlich und gab laut und mit verstellter Stimme seine Beiträge zum Besten. Im Moment brüllte er zum Beispiel wie ein Löwe, es könnte sich auch um einen Elefanten oder einen Dinosaurier gehandelt haben, auf jeden Fall etwas Großes.
„Hammses etza gehört, Herr Professor?“, fragte ich, „des müssen Sie doch gehört haben! Da hat was gebrüllt, so löwenähnlich, eventuell auch elefantös!“
Er lachte abermals. „Lauerer, du bist ein Witzbold! Ich höre nichts! Und du doch auch nichts! Wer mich verscheißern will, muss früher aufstehen!“
Allmählich wurde uns Angst, was den geistigen Zustand des Lehrers und den gesundheitlichen Zustand Klausis betraf. Er war dort unten! Im Dunkeln! Umgeben von Spinnen und deren Weben! Er würde, ohnehin von zerbrechlicher Statur, vielleicht eine Lungenentzündung bekommen oder sogar eine Blasenschwäche! Auch sein Gebrüll wurde allmählich schwächer und die Abstände

zwischen den Brüllern länger, bestimmt herrschte schon Luftmangel in seinem Loch! Ein Horrorgedicht fiel ihm auch nicht mehr ein, armer Klausi!
Wir entschlossen uns nach einigem Flüstern, reinen Tisch zu machen und die Befreiung Klausis in die Wege zu leiten.
Der Klassensprecher meldete sich.
„Ja, was ist denn schon wieder? Hörst wieder was?"
„Herr Professor, äh, es ist wegen dem Bucher. Ich wollte Ihnen sagen, dass ..."
Der Professor unterbrach ihn mit wissendem Grinsen.
„Leute, ihr dürft euren alten Zeichenlehrer nicht für blöd halten! Ich war auch mal ein Schüler! Ist zwar lange her, aber kreativ waren wir auch! Und die Turnhalle besitzt Fenster! Und wenn man in der Pause draußen eine Zigarette raucht, sieht man durchs Fenster, was sich drinnen abspielt! Zum Beispiel sieht man, wie der Bucher in einem Loch versenkt wird, um den Lehrer zum Narren zu halten!"
Völlig perplex sahen wir uns gegenseitig an. So ein Hundling! Dass der Schuss dermaßen nach hinten losgehen würde, das hätte keiner von uns gedacht!
„Dann holen wir den Klausi jetzt heraus", meinte der Klassensprecher, der als erster seine Fassung und Sprache wieder gefunden hatte.
„Aber warum denn? Wenn's ihm gefällt, soll er ruhig drinbleiben!"
Wir waren geschockt.
Der Lehrer stand auf, ging zur Bühne und sprach in Richtung des Loches, aus dem Klausi gerade wieder zu brüllen begann.
„Ruhe, Bucher!" Des Lehrers Stimme klang fast militärisch.
Schlagartig verstummte das Ungeheuer in der Souffleusenmulde.
Auch sonst herrschte eine unheimliche Stille im Saal. Der Lehrer wandte sich erneut an Klausi, diesmal versöhnlicher: „Alles klar, Bucher?"
„Scho, Herr Professor!"
„Kriegst du Luft?"

„Scho, Herr Professor! Halt keine gute nicht, aber kriegen tue ich eine!“
„Dann ist es ja gut, Bucher! Viel Spaß noch da unten, wir machen einstweilen weiter mit der Collage!“
„Ja, dankschön, Herr Professor!“
Keiner von uns traute sich zu fordern, den armen Klausi herauszuholen und so verbrachte er die komplette Zeichenstunde als nicht benötigter Souffleur.
Erst als der Lehrer weg war, befreiten wir ihn.
Vieles hatten wir erwartet von ihm: Jammern, Schimpfen, eventuell sogar Weinen!
Aber er entstieg dem Untergrund mit einem kurzen, aber ernst gemeinten Kompliment in Richtung unseres Kunsterziehers:
„Leck mich am Arsch, is des a Hund!“

# Freu dich nicht zu früh

Naturgemäß ist man als Jugendlicher, von sehr wenigen Ausnahmen abgesehen, finanziell nicht gerade üppig ausgestattet, eigentlich ist man eine arme Sau.

Die einzige Ausnahme, die ich aus meiner Schulzeit kenne, ist allerdings eine beeindruckende und eine, die mich, und nicht nur mich, oft amüsiert hat.

Es war ein Schüler der Parallelklasse, dessen Vater Inhaber eines großen Autohauses war. Dadurch ergab sich die lustige Konsequenz, dass der nagelneue Porsche dieses Schülers desöfteren zwischen den älteren und weitaus bescheideneren Modellen der Lehrer stand. Selbst der fahrbare Untersatz des Direktors sah neben der Karosse des Schülers aus der westlichen Oberpfalz armselig aus.

Das war rein optisch Balsam auf unsere gequälten Schülerseelen. Aber wie erwähnt, das war eine Ausnahme, ich war die Regel, mein besten Freunde auch!

Wir „Normalos" litten an chronischem Geldmangel, unser ganzes Schulleben lang! Nur um dies anschaulicher zu machen: Man musste täglich überlegen, ob man die zur Verfügung stehenden Haushaltsmittel von einer D-Mark in der großen Pause in eine Fleischsalatsemmel und ein Milky Way als Dessert auf einmal verbrauchen oder doch lieber sowohl in der ersten als auch in der zweiten Pause eine schwach belegte Wurstsemmel zu sich nehmen sollte.

Verstärkt wurde dieser ständige Mangel durch die Tatsache, dass auf dem Heimweg von der Schule ein Wirtshaus lag, in dem sich ein Geldspielautomat befand. Dieser lockte bei einem Einsatz von zehn Pfennig pro Spiel mit Gewinnen bis zu zwei Mark. Hatte man aber das Glück, die „Serie" zu bekommen, konnte man sogar 50 Mark oder noch deutlich mehr sein Eigen nennen! Und dann hatte man, zumindest nach unserer damaligen Auffassung, fürs ganze Leben ausgesorgt!

So kam es vor, dass ich mich in der Schule die ganze Woche lang als Hungerkünstler betätigte, um am Freitag im Wirtshaus mit dem Ersparten mein Glück zu versuchen.
Nun wird sich mancher, der mich schon in meiner Jugend gekannt hat, fragen, woher dann mein damaliger Spitzname „Wampi“ und die zu ihm führende Wampe kam. Das verdanke ich der abwechslungs- und kalorienreichen Kost meiner Mutter und einem angeborenen außergewöhnlichen Appetit auf alles außer Sellerie!
Aber das wäre eine andere Geschichte: Schornblattln, Riebler, Fuxnfouda, Riwanze oder Fingernudeln – feinste bayerische Spezialitäten, die im heutigen Pizza- und Dönerwahn kaum mehr jemand kennt!
Zurück zum Glücksspiel:
Wir hatten schon oft den Spielautomaten gefüttert gehabt, ein größerer Gewinn war uns versagt geblieben. Kleinere investierten wir wieder, um größere zu erzielen, was stets zum völligen Ruin führte. Die ganze Woche in der Schule nichts gegessen und am Freitag das gesammelte Pausengeld verspielt, es war eine deprimierende Zeit! Psychisch instabile Schüler wären verzweifelt, wir waren gottlob nur verärgert.
Ich darf hinzufügen, dass Automatenspielen unter 18 Jahren auch damals schon verboten war und keiner von uns war älter als 14! Aber das war uns und gottseidank auch dem Wirt wurscht. Er ist schon lange verstorben, möge es ihm in der Ewigkeit nicht schaden!
Er war übrigens auch ziemlich geschäftstüchtig! Ich erinnere mich an ein rotes und ein gelbes Plastikbehältnis, das auf jedem Tisch im Gastzimmer stand und aus dem man durch Quetschen Senf bzw. Ketchup herausdrücken konnte. Und wir als schlaue Gymnasiasten gingen generalstabsmäßig so vor: Wir bestellten uns je eine Semmel zu zehn Pfennig, rissen diese so mittig wie möglich auf und quetschten, je nach Gusto, einen schönen Batzen Senf oder Ketchup hinein. Auf diese Weise hatten wir für kleines Geld eine leckere Brotzeit, denn Ketchup und Senf waren kostenlos! Und wir hatten so mehr Bares übrig, das wir in den

Spielautomaten schmeißen konnten! Wir fanden das genial, im Rückblick war es Schwachsinn!
Dann kam der brutale Tag, an dem wir feststellen mussten, dass die roten und gelben Spender von den Tischen verschwunden waren. Stattdessen standen auf der Speisekarte zwei neue Artikel, nämlich „Senfsemmel 25 Pf." und „Ketchupsemmel 30 Pf.".
So eine Sauerei! Als hätten die bisherigen drei Speisen nicht gereicht! Frische Sulz, Wurstsalat bayer. Art und Wiener, das hatte es bis dato gegeben. Und nun die teuren Semmeln! Arme Schüler und Nebenerwerbsglücksspieler dermaßen auszunehmen!
Aus Protest aßen wir ab diesem Tag in dieser Spelunke gar nichts mehr, sondern bestellten zu viert ein kleines Sinalco und warfen alles Geld, das wir uns dadurch ersparten, in den Automaten. „Ätsch!", dachten wir, „jetzt hast du es, du blöder Wirt! Selber schuld!"
Und dann, nach vielen Freitagen mit und danach ohne Ketchup- und Senfsemmel, nach Monaten der finanziellen Entbehrung, kam der Tag, auf den wir so gehofft hatten, auf den jeder Zocker hofft und der nur sehr selten kommt, meistens nie!
Unser aller Geld war bereits im gefräßigen Schlitz des elektrischen Münzschluckers verschwunden, nur Rudi hatte noch eine Mark übrig.
„Wenn die Kuh hin ist, soll das Kalb aa hin sein!", meinte er voller Verachtung und warf seine Barschaft in den Automaten. Und bereits beim ersten Spiel geschah das Wunder: Fünf Joker, wir nannten sie Kasperlköpfe, erschienen auf den Rollen! Fünf Joker! Ein Bild für Götter! Ich kann mich noch genau an diesen Augenblick erinnern, in der Musikbox lief „Sugar Baby Love" von den Rubettes. Und genau, als der Sänger in hohem Falsett sang bzw. schrie, kamen sie, die fünf Unerwarteten, aber Erhofften!
Fünf Joker, das hieß, wir hatten die „Große Superserie"! Das Beste, das Höchste, das Nonplusultra, das Unvorstellbare, vergleichbar mit einem Lottosechser, einem Einser in Physik oder dem spontanen Angebot der Hübschen aus der Parallelklasse zum Schmusen!

Vom Hörensagen wussten wir, dass vor einiger Zeit in Cham ein bulgarischer Fernfahrer, eventuell war es auch ein rumänischer, ebenfalls die Große Superserie hatte und dabei einen Gewinn von 265 Mark (zweihundertfünfundsechzig Deutsche Mark) erzielt hatte.
Wir hatten es geschafft, wir würden in einigen Minuten reich sein, die reichsten Schüler der Stadt, womöglich sogar des Landkreises! Der Verzicht auf Fleischsalatsemmeln, das Darben mit knurrenden Mägen in vielen Pausen hatte sich endlich gelohnt! Der Herr sei gepriesen!
Der Automat blinkte und leuchtete und klingelte und läutete, es war ein Traum! Bunte Lichter kündigten unseren baldigen Reichtum an.
Doch nun kam es, wie es im Leben oft kommt: Das Gefühl höchsten Glückes, die Stimmung freudiger Ekstase, alles endete abrupt und wandelte sich in tiefste Erschütterung, denn:
Auch der Wirt hatte das Blinken des Automaten gesehen und das Klingeln gehört! Er verließ seinen angestammten Platz hinter der Theke, ging zum geldschwangeren Spielgerät und zog den Stecker heraus, bevor die Große Superserie überhaupt anlaufen konnte! Sofort wurde alles hinter der Glasscheibe des Automaten dunkel und Totenstille machte sich breit.
„Woswos?", fragten wir mit erstaunt aufgerissenen und feuchten Augen, „mir hamm die Grousse Superserie! Fünf Kasperlköpf'! Sofort wieder eistecka!"
„Der Automat is hi!", antwortete der schwerkriminelle Gastronom trocken.
Waaas? Ich nahm meinen ganzen Mut zusammen:
„Des is Betrug!", warf ich ihm vor, „mir zeigen Sie an, dass des klar is!"
„A geh?", grinste er, „anzeigen duats ihr mi? Da bini ja gspannt, was die Polizei sagt, wenn vier minderjährige Hundskrippln am Geldautomaten gspielt hamm! Und eiere Eltern hätten bestimmt aa a Freid, wenn i denen erzähl, dass ihr vier Deppen jeden Freitag eier Taschengeld in den Automaten schmeißts! Und von den Litern Ketchup und Senf, die ihr mir weggfressn habts, mag i gar

nix sagen! Also – wollts ihr mi anzeigen? Weil dann ruaf i glei d' Polizei o, dass kimmt!"
„Naa, dann ned", antworteten wir kleinlaut, „zahlen bitte!"
„Des Sinalco schenk i eich, zur Feier des Tages!", meine er grinsend, „man is ja koa Unmensch ned."
Na toll! Danke für nichts!
Tja, so war's, genau so! Ich werde den Tag nie vergessen. Für einen kurzen Moment waren wir gefühlt Millionäre, es war ein wunderschönes Gefühl!
Und eines haben schlechte Erfahrungen immer zur Folge – wir haben etwas gelernt:
Freu dich nie zu früh!

# Das Glück ist ein Rindvieh

Bleiben wir beim Thema Glücksspiel:
Mit Ungeduld erwarteten wir den 18. Geburtstag von Kare, dem jüngsten Mitglied unserer Zockerbande. Denn wir wollten die kleinbürgerliche Welt der Spielautomaten in rauchigen Wirtshausnebenzimmern, verwaltet von schwerkriminellen Wirten, endlich verlassen und die große, feudale Welt der Spielcasinos erobern!
Nicht gleich Monte Carlo oder Las Vegas, das wollten wir später ins Auge fassen. Fürs Erste sollte Bad Wiessee am schönen Tegernsee unser Ziel sein. In der dortigen Spielbank wollten wir erste Erfahrungen in der Welt der rollenden Kugel sammeln, um dann, ausgestattet mit einem finanziellen Polster aus dem Gewinn vom Tegernsee, in den piekfeinen und mondänen Zockertempeln am Mittelmeer die Bank zu sprengen. Ob Monte Carlo, Nizza oder sonstwo, das war uns egal, Hauptsache sprengen und dann Millionäre!
So hatten wir es uns in unseren optimistischen, weil ahnungslosen Waldlergehirnen ausgemalt.
Umso näher der Termin unseres ersten Casinobesuches rückte, umso überzeugter waren wir, dass wir fette Beute machen würden. „Anfängerglück“ war das Stichwort, davon hatte man schon oft gehört und gelesen! Unser Optimismus stieg ins Grenzenlose.
An einem Novembertag im Jahre 1977 um 15 Uhr fuhren wir los. Wie immer war ich der Fahrer, obwohl auch Sepp schon ein Auto besaß. Doch ich MUSSTE selber fahren, da ich als Beifahrer spätestens nach 15 Minuten kreidebleich war und nach einer halben Stunde spie, was weder für mich noch für den Fahrer angenehm war. Diesen peinlichen Makel habe ich übrigens heute noch. Sollte also irgendwer mit mir irgendwo hin fahren wollen: Ich fahre!
Wir trafen uns bei mir zu Hause im Hof und meine Mutter machte hocherfreut und stolz ein Foto von uns vieren, weil wir ihrer Meinung nach so schön waren. „Solcherne saubere Burschen!“, meinte sie begeistert, „da werdens schaun in Bad Windsheim!“

Wir ließen sie in dem Glauben, dass unser Ziel am Tegernsee Bad Windsheim heißt, da wir ohne weitere Verzögerung aufbrechen wollten. Übrigens fühlten auch wir uns fein und attraktiv. Im Nachhinein allerdings, wenn ich heute auf das Foto blicke, ist es mir direkt peinlich.

In unseren karierten Sakkos, unseren mittellangen Haaren, den viel zu breiten und kurzen Krawatten und vor allem den wahnsinnig breiten Krägen unserer bunten Hemden sahen wir aus wie vier überständige Bauernburschen auf Brautschau. Von den zu engen Hosen ganz zu schweigen.

Eingehüllt in eine Wolke des damals beliebten Rasierwassers „Pitralon" ging es ab in Richtung Oberbayern, verabschiedet von der Mutter, die uns viel Glück wünschte mit den Worten „Alls Guade, kemmt's gsund wieder hoam, Burschen! Und passt's fei aaf, weil in der Nacht is finster!"

Sie empfahl uns noch, auf die 41 zu setzen, da sie geträumt habe, diese Zahl würde gewinnen.

Um Zeit zu sparen und endlich wegzukommen, versprachen wir, das zu tun und erzählten ihr nicht, dass die höchste Zahl beim Roulette die 36 ist.

Und dann ging es los. Jeder von uns hatte 250 D-Mark dabei, denn wir waren ja schon volljährig und da wir gottlob keine reichen Eltern hatten, bezogen wir vom Staat Bafög, das wir nun um ein Vielfaches vermehren wollten.

Im Auto legten wir die taktische Marschroute fest. Wir kamen überein, dass es wenig Sinn mache, immer nur auf Schwarz oder Rot oder gerade oder ungerade Zahlen zu setzen. Das würde bei zehn Mark Einsatz nur zehn Mark Gewinn bedeuten und das auch nur, wenn die Farbe oder die Geradheit der Zahl passte. Viel lukrativer und erfolgversprechender erschien es uns, auf einzelne Zahlen zu setzen, denn dafür erhielt man das 35-fache des Einsatzes! Und zwar jedes Mal, wenn diese Zahl kam! Wahnsinn eigentlich!

Wir wollten uns auf zwei Zahlen konzentrieren und schon nach kurzer Diskussion hatten wir uns auf die 4 und die 18 geeinigt. Die 4, weil wir zu viert waren und die 18, weil wir alle achtzehn

Jahre alt waren. Es war eigentlich so einfach, man musste nur darauf kommen!
Als dann im Autoradio kurz nach Straubing das Lied „So you win again" von der Gruppe Hot Chocolate kam, waren wir sicher, dass dies ein Zeichen des Schicksals sei und wir die goldrichtigen Zahlen ausgesucht hatten!
Wir malten uns aus, was wir mit den Damen alles machen würden! Mit welchen? Mit denen, die uns wegen des unmittelbar bevorstehenden Reichtums Tür und Tor einrennen würden!
Wobei Sepp, schon immer der Besonnenste von uns, zunächst eine Villa bauen und sich erst danach nach einer Frau umschauen wollte. Als Standort der Villa schwebte ihm Südtirol vor, als Frauentyp Nastassja Kinski, notfalls auch die vollbusige Barbara aus der Klasse 12b.
Die Zeit verging wie im Flug, obwohl es eine Fahrt mit dem Auto war. Bereits drei Stunden später entstiegen wir in der Tiefgarage der Spielbank (die erste Tiefgarage unseres Lebens!) meinem VW Käfer.
An der Rezeption empfing uns ein Herr im schwarzen Anzug mit „Schönen guten Abend, die Herren!"
Noch nie waren wir so angesprochen worden! Wir fühlten es, dass Großes vor uns lag, ein unvergesslicher Abend voller Glück und Geld! Stolz legten wir unsere Ausweise vor, der Herr in Schwarz wünschte uns Glück und ab ging's in die feine Welt der rollenden Kugeln.
Jeder von uns tauschte zunächst 50 Mark in 10-DM-Jetons ein und innerlich angespannt, aber äußerlich von einer beneidenswerten Coolness setzten wir uns an den Roulettetisch.
Während meine Begleiter noch mit großen Augen die Szene betrachteten, wollte ich keine Zeit verlieren. Ich fackelte nicht lange und setzte zehn Mark auf die 4.
Die Kugel rollte und es kam … es kam… es kam die 4!
Emotionslos schob mir der Croupier 350 Mark herüber und genau so emotionslos nahm ich den Gewinn in Empfang. Um mich als Mann von Welt zu outen, schmiss ich ihm einen 10-Mark-Je-

ton hin und sagte lässig: „Für die Kaffeekasse! Sollst auch nicht leben wie ein Hund!“
„Danke vielmals, der Herr!“, war seine Antwort. Ein Profi! Ich mag solche Leute!
Meine Mitfahrer und -spieler sahen mich an wie einen Guru. „Toni, du hast gerade 350 Mark gewonnen!“, flüsterte Kare. Sepp, völlig perplex und übervorsichtig, meinte: „Fahrma hoam!“
Ein typisches Landei! Mit lächerlichen 350 Mark Gewinn wollte der sich zufrieden geben, wo doch zig Tausende auf uns warteten!
„Und die Villa? Und die Weiber? Mit 350 Mark kimmst ned weit! Das war erst der Anfang, jetzt geht's richtig auf!“ ermunterte ich meine skeptischen Freunde.
Da die Zahl 4 zu den schwarzen gehört, musste jetzt aller Wahrscheinlichkeit nach eine rote kommen. Also setzte ich 100 Mark auf Rot.
„Spinnst du?“, fragte mich Toni 2 geschockt, „hundert Mark? Und wenn Schwarz kimmt?“
„Des war doch grad erst da!“, beruhigte ich ihn, „von der Logik her kimmt etza Rot! Denk doch a bissl mit!“
Es kam die 10, welche dummerweise zur Gattung der schwarzen Zahlen gehört – blöd gelaufen!
Eine alte Zockerregel lautet: Wenn du verloren hast, musst du den Einsatz verdoppeln, dann holst du den Verlust wieder herein und hast sogar noch einen Gewinn! Logisch eigentlich!
Ich setzte gleich 250 Mark auf Rot, denn sicher ist sicher! Das wussten schon der berühmte Profispieler Kon Kurs und sein bester Kumpel Insolv Enz!
Der/die aufmerksame Leser/Leserin hat es bestimmt schon bemerkt: Das Spielfieber hatte mich binnen kurzer Zeit voll erfasst!
Die Kugel rollte und rollte, sehr lange, dann hüpfte sie für den Bruchteil einer Sekunde auf die (rote) 25, um dann endgültig auf der (schwarzen) 2 zu landen.
„Etz is dei ganzer Gewinn furt, du Depp!“, meinte Kare, nicht ganz zu Unrecht.

„Und außerdem", erinnerte mich Sepp, „außerdem wolltma doch allerweil aaf 4 und 18 setzen, ned aaf Farben!"
Richtig, das hatte ich in der Euphorie des Spontangewinnes fast vergessen!
„Genau Männer!", sagte ich kleinlaut, „sorry! Also, ab sofort legen wir zamm und setzma immer je an Zehner aaf 4 und aaf 18! Und allerweil, wenn oane von de zwoa Zahlen kimmt, streichma 350 Mark ei. Und i daadert vorschlagen, wennma 5000 Mark beinand hamm, fahrma hoam und überlegen die Taktik fürs naxte Mal! Dann kinnma größer einsteigen, weil an Grundstock hamma ja dann scho!"
Dies erschien auch meinen Kumpels plausibel und eiskalt zogen wir unsere Marschrichtung durch.
Dummerweise erwischten wir eine Phase, in der sich die Kugel offenbar sowohl vor der 4 als auch vor der 18 fürchtete. Eine Stunde lang kam keine der beiden Zahlen, jedoch viermal die 17 und dreimal die 32. Die 17 war übrigens meine damalige Hausnummer!
Unser Geld schmolz dahin wie die Gletscher in Grönland, doch wir ließen uns nichts anmerken! Aber weh tat es schon, nicht körperlich, aber psychisch!
Drei ältere Damen, die scheinbar ein gemeinsames Kaffeekränzchen darstellten, hatten mit ihrer planlosen Setzerei auf Schwarz oder Rot oder gerade oder ungerade schon über 200 Mark gewonnen und feierten dies mit einem Glas Sekt, Und wir legten einen Zehner nach dem anderen auf 4 und 18 und die blöde Kugel fiel stets woanders hin, oft nur ein Feld daneben, aber knapp daneben ist bekanntlich auch vorbei. Wenn ich einen Hammer zur Hand gehabt hätte, hätte ich die Kugel zerschlagen, dass es gestaubt hätte!
Gegen 20 Uhr keimten erste Bedenken auf, dass das Geld knapp werden könnte, wenn wir nicht bald einen Treffer landen würden. Aber es widersprach ja jeder Wahrscheinlichkeit und deshalb spielten wir weiter, 4 und 18, 4 und 18, immer wieder.
Die Zeit verging und die D-Mark zerrannen.

Kurz nach 21 Uhr stiegen Ängste bezüglich eines Totalverlustes in uns hoch. Wir vereinbarten, auf der Toilette eine kurze Taktikbesprechung abzuhalten, vor allem aber unser Restgeld zu zählen, denn inzwischen hatten wir schon mehrmals Bargeld in Jetons umgetauscht.
Auf dem (sehr noblen) Abort stellten wir fest, dass es schlecht aussah: Von unseren ursprünglichen 1000 Mark hatten wir noch klägliche 160! Was tun?
Wir beschlossen, jetzt noch einmal je 50 Mark auf die 4 und die 18 zu setzen und uns ganz fest die Daumen zu drücken. Falls dies wieder fruchtlos bleiben sollte, würden wir die restlichen 60 Mark verfressen, da wir im Wahn des Spieles gar nicht bemerkt hatten, dass uns ein tierischer Hunger quälte und ein noch tierischerer Durst.
Mit diesen verzweifelten Vorsätzen verließen wir den wohlriechenden Toilettenbereich.
Als wir wieder im Saal waren und auf das Display blickten, das die letzten 20 Zahlen anzeigte, die gefallen waren, trauten wir unseren Augen nicht: Während der paar Minuten, in denen wir unser Geld gezählt und die weitere Taktik besprochen hatten, war zweimal hintereinander die 18 und dann die 4 gekommen! Wir hätten als insgesamt 1050 D-Mark gewonnen gehabt, wenn wir dem Klo ferngeblieben wären! Und dabei hatten wir nicht einmal bieseln gemusst!
Toni 2, eigentlich ein feiner Mensch, verlor angesichts dieses grausamen Schicksals kurz die Fassung und in der Konsequenz auch die Noblesse: „So lang i leb, geh i aaf koa Scheißhaus nimmer!“ zischte er. Er sprach uns aus dem Herzen!
Jetzt blieb uns nur mehr eines: 100 Mark auf die 4, denn eventuell würde auch diese zweimal hintereinander kommen und dann würde der Abend ein versöhnliches Ende finden.
Also; 100 Mark auf die 4! Die Kugel rollt … und rollt … und rollt und siehe da: Es kommt die 18!
Auf die hatten die Damen vom Kaffeekränzchen, enthemmt durch den Sekt, gleich 50 Mark gesetzt, so dass sie nun 1750 Mark erhielten, was sie mit schrillen Schreien, ähnlich den Warnlauten

der Brüllaffen, feierten. Unsympathische Leute, auch der Croupier!

Wieder einmal hatte es sich bewiesen: Das Glück ist ein Rindvieh und sucht sich Seinesgleichen!

Wir gingen mit unseren 60 Restmark in das angrenzende Restaurant, es reichte für jeden von uns noch für eine Pfannkuchensuppe und ein Bier.

Sehr frustriert machten wir uns gegen halb elf auf den Heimweg. Es wurde von Bad Wiessee bis kurz vor München so gut wie nichts gesprochen. Erst in der Nähe der Landeshauptstadt fragte ich meine Fahrgäste, ob sie noch Geld in irgendwelchen Geheimfächern in ihren Portemonnaies hätten.

Die Antwort war erwartungsgemäß: „Koan Pfennig ned, alls verspielt!"

„I aa", sagte ich, „dann bitte ab sofort Daam drucka, weil i müssert tanken. Es schaut ned guat aus benzinmäßig!"

Ich mag die Schimpfwörter, mit denen mich meine unflätigen und mittellosen Freunde betitelten, hier nicht wiedergeben, denn eine gewisse Etikette ist sogar mir zu eigen.

Mit bangen Blicken, leeren Geldbeuteln und stillen Gebeten an den heiligen Aral und den seligen Esso ging's zurück in Richtung Oberpfalz.

Um er kurz zu machen: Wir schafften es, bzw. mein Auto schaffte es!

Erst kurz vor der Hofeinfahrt begann der Motor zu stottern und als wir im Hof standen, war der Tank restlos leer. So ein Dusel!

Da sieht man es wieder: Das Glück ist ein Rindvieh!

# Das Ende meiner ersten Liebe

Was sich die Jugend heutzutage nicht mehr vorstellen kann:
Es gab einmal eine Zeit ohne Internet! Wirklich! Und, noch unvorstellbarer – ohne Handy!
Das war übrigens nicht im Zeitalter der Dinosaurier oder im Reich der Inka und Maya, auch nicht in der Hochkultur der Ägypter oder der Römer! Nein, ich persönlich habe diese Zeit noch erlebt! In meiner Jugend! Ok, das ist auch ziemlich lange her, aber es war deutlich nach den Römern und ich kann mich sogar noch daran erinnern.
Die heutigen Gehirnersätze Google oder Wikipedia standen uns nicht zur Verfügung – wir mussten notgedrungen noch unser eigenes Denkorgan benutzen, sofern vorhanden natürlich.
Die Geschichte, die ich erzählen möchte, hat allerdings mit Hirn wenig zu tun, denn sie handelt von den zwischenmenschlichen Beziehungen zwischen Mann und Frau.
Im konkreten Fall eher zwischen Jüngling und Jungfrau, noch konkreter zwischen mir und einem Mädchen, das ich seinerzeit sehr verehrte! Eigentlich liebte ich sie, was sie aber lange nicht erkannte, die dumme Nuss (mein damaliger Wortschatz, heute würde ich so etwas natürlich nie und nimmer über eine Frau sagen)!
Es war nicht leicht damals! Es gab keine Flirt- oder Datingplattformen, in denen man sich eine/n Traumpartner/in aussuchen konnte! Auch keinen Chat, in dem man anonym Zärtlichkeiten oder Bilder mit und ohne Kleidung austauschen kann.
Bis dann das böse Erwachen beim ersten realen Treffen kommt und manche verliebte Maid feststellen muss, dass der junge Mann, der so wunderbar zarte, fast poetische Worte formulieren konnte, aussieht wie ein naher Blutsverwandter von Quasimodo und nicht wie das Ebenbild von Brad Pitt!
Und manch liebestrunkener und brunftiger Jungmann stellt beim ersten Treffen erschüttert fest, dass die vermeintlich scharfe Braut, die ihn wochenlang mit ihrem Liebesgeflüster erregt hat, der Trampel von der Parallelklasse ist und nicht die heiße Blon-

dine auf dem Bild, das sie ihm zukommen ließ und das in Wirklichkeit eine russische Tänzerin kurz nach Ende des 2. Weltkrieges zeigt.

Dies alles war uns in den 70er Jahren komplett fremd.

Nicht einmal in unseren kühnsten Zukunftsvisionen ahnten wir, dass so etwas einmal kommen würde, zumindest nicht zu unseren Lebzeiten. Für uns war bereits der Taschenrechner, damals noch groß wie ein mittlerer Ziegelstein, die Krone der technischen Entwicklung! Dass sich in einem ausgedörrten Tal in USA namens Silicon Valley ein gewisser Bill Gates mit ein paar Kumpels anschickte, die Welt mit Computern zu beglücken, wusste hier bei uns in der Oberpfalz noch kein Mensch, nicht einmal in Niederbayern.

Aber ich schweife ab. Es geht nicht um die Urzeit des PC, sondern darum, wie man in meiner Jugend ohne diesen technischen Schnickschnack einen Partner oder, wie in meinem Fall, eine Partnerin finden konnte. Nicht unbedingt gleich fürs Leben, erstmal überhaupt, für den Anfang, dass man mitreden konnte.

Dass sich Mädchen ebenso schwer taten wie wir Jungs, das war uns damals nicht bewusst. Wir dachten, es verhielte sich wie im Tierreich: Das Männchen muss allerlei Firlefanz aufführen, damit das Weibchen überhaupt Notiz von ihm nimmt. Das Weibchen tut sich da viel leichter, dachten wir! Denn es kriegt ja sowieso leicht ein Männchen, weil Männchen triebgesteuerte Deppen sind. Das sind wir zwar tatsächlich, aber einen Deppen wollen halt die meisten Weibchen auch nicht, schon gar keinen triebgesteuerten!

Ich schweife schon wieder ab – wahrscheinlich, weil mich dieses Thema nach wie vor fasziniert.

Berichten möchte ich eigentlich über einen bestimmten Abend, besser gesagt, eine bestimmte Nacht im Jahre 1976. Ich denke noch heute daran und die damaligen Ereignisse treiben mir nach wie vor die Schamröte ins Gesicht!

Wie erwähnt, mangels technischer Kommunikationsmöglichkeiten veranstaltete man damals Partys, um Kontakt zum anderen Geschlecht zu bekommen. Man lud Freunde ein und forderte sie auf, ihre Schwestern, Cousinen oder sonstige weibliche Gäste mitzubringen, auch Schulkameradinnen waren erwünscht, wenn ihre äußere Erscheinung annehmbar war. Jaaa, ich weiß, ein indiskutables machohaftes Gehabe, das Frauen auf ihr Äußeres reduziert, aber Frauenversteher wurde ich erst viel später!

Es gab erlesene Speisen auf den Partys: Chips, Gummibärchen, Brausepulver verschiedener Geschmacksrichtungen, Salzstangen und Erdnüsse! Und es gab natürlich Getränke aller Art, vereinzelt sogar alkoholfreie!

Das Ganze fand statt in einem Partyraum im Keller, der relativ spartanisch ausgestattet war: Einige herumliegende Matratzen und zwei, drei Stühle sowie das alte Sofa der Oma dienten als Sitzgelegenheiten. Intime Stimmung wurde erzeugt, indem man kein Licht anmachte, sondern lediglich in der Mitte des Raumes eine Kerze aufstellte und anzündete. Diese flackerte romantisch und ließ dermatologische Unebenheiten, Pickelfressen auf gut deutsch gesagt, in einem besseren Licht erscheinen.

Musik lieferte ein Plattenspieler oder ein Kassettenrekorder und dann ging es ungezwungen los.

Naja, anfangs eher gezwungen, denn die Buben saßen auf der einen Seite und die Mädels auf der anderen. Doch das änderte sich bald, denn die enthemmende und anregende Wirkung des Alkohols in Form von Campari Soda, Bols blau mit Orangensaft oder Whisky Cola, um die gängigsten Getränke unserer Jugend neben der Goaßmass zu nennen, ließ nicht lange auf sich warten!

Es wurden zuerst Blicke und dann Plätze getauscht, sodass nach einiger Zeit vermehrt zweierlei Geschlechter auf einer Matratze saßen. Erste Konversationen entwickelten sich, zunächst noch zaghaft und mit mageren Zwei-Wort-Sätzen wie „Alles klar?“, „Coole Musik!“ oder auch „Prost nacha!“

Doch nach mehreren Prosts wurde die Zunge lockerer und der männliche Mut größer – erste vollständige Sätze mit Subjekt, Prädikat und integrierter Frage wurden gebildet, beispielsweise „I bin da Sepp, und du?“

Ich armes Schwein gehörte zu denjenigen, die noch keine weibliche Dialogpartnerin gefunden hatten, und war dazu verdammt, mit einem gewissen Gottfried, einem verklemmten Nachbarsjungen des Gastgebers, über Fußball reden zu müssen.
Neidisch blickte ich auf andere, meinen Kumpel Kare zum Beispiel, der es bereits geschafft hatte, seinen rechten Arm um die Schulter seiner Matratzenbekanntschaft zu legen, sehr plump zwar, aber immerhin! Auf jeden Fall war das deutlich besser als mit einem Knallkopf die derzeitige Bundesligatabelle zu analysieren!
Was mir auffiel: Etliche anwesende Mädchen, die ich mehr oder weniger flüchtig kannte, waren deutlich attraktiver, als ich sie in Erinnerung hatte, manche geradezu schön. Lag das an dem schummrigen Kerzenlicht? Oder lag es an den vier Whisky-Cola, die ich bereits intus hatte? Oder an beidem? Oder waren es fünf?
Diese quälenden Gedanken waren schlagartig verflogen, denn:
Es kam der magische Moment, der zauberhafte, der wunderbare, der unglaubliche! Die Kellertür ging auf und SIE kam herein!!! Genau, SIE!!! Sie, die in der Schule zwei Klassen unter mir war! Sie, die ich in der Pausenhalle jeden Tag in der ersten und zweiten Pause von fern anschmachtete! Sie, zu der ich mir nie ein Wort zu sagen getraut hatte! Sie, deren Name, Geburtsdatum, Adresse, Telefonnummer und vermutliche Körbchengröße ich wusste! Wobei mir dieses Wissen nichts half! Sie, die mich nicht kannte, die wahrscheinlich von meiner armseligen Existenz gar nichts ahnte.
Sie kam herein, ich kann mich an diesen Augenblick noch heute erinnern, der Kassettenrekorder spielte gerade den neuesten Hit, nämlich „A Glass of Champagne" von der Gruppe Sailor. Und nach Champagner war mir in diesem Augenblick auch zumute!
Schlagartig war mir der Idiot neben mir vollkommen egal, ich hatte nur noch Augen für meine Angebetete. Was machte die hier? Sie wohnte doch gar nicht in meiner Stadt? Wie kam sie hierher? Hatte der Herrgott sie geschickt? Denn ein Engel war sie zweifelsohne, für mich zumindest! Was war der Grund ihrer An-

wesenheit? Was sollte ich jetzt tun? Und vor allem: Warum bin ich so dick? Fragen über Fragen!

Ich tat das Einzige, was mir spontan einfiel: Ich holte mir einen weiteren Whisky-Cola. Diesmal aber ohne Cola, um meine Nervosität zu bekämpfen.

Mein Engel ging auf die Schwester des Gastgebers zu, die gerade alleine vor sich hintanzte, und umarmte sie. Wie ich später erfuhr, war sie deren beste Freundin und deswegen eingeladen.

Ich ging beim Whiskyholen mit eingezogener Wampe an den beiden vorbei und sagte so cool ich konnte: „Hei, ihr zwei, scho samma drei!"

Dieser kreative Eisbrecher wurde von den Gegrüßten völlig ignoriert.

Aufmerksam auf mich wurden sie erst, als ich auf eine Schüssel voller Chips trat, die irgend ein Besoffener auf den Boden gestellt hatte und die nun umfiel. Mein Erröten sah man dank des fahlen Kerzenlichts nicht, frustriert klaubte ich die verstreuten Chips zusammen und legte sie, vermischt mit etlichen Haaren der Hauskatze, zurück in die Schüssel.

„Da schau her! Ein Mann, der freiwillig was aufräumt! Des find i echt guat!", lobte mich der Traum meiner schlaf- und frauenlosen Nächte. Ich schäme mich nicht zuzugeben, dass mir diese spontane Liebeserklärung Freudentränen in die alkoholgeröteten Augen trieb.

Da ich mir nun ihrer Zuneigung sicher war, stieg mein Mut ins Grenzenlose.

„Hock di halt a wengerl her zu mir!", lud ich sie ein, „da hinten auf da grünen Matratze sitzi! Ratschma a bissl! I hol mir grad an Whisky-Cola ohne Cola, magst aa ebbs?"

Meine Glückssträhne ging weiter: „Gern!", lachte sie mich an, „Whisky-Cola ohne Cola, originell! I trink zerst amal bloß a Cola, pur!" Es gibt Tage im Leben eines Mannes, an denen funktioniert einfach alles, da findet dich deine Traumfrau originell! Und das war zweifelsohne so ein Tag!

Ich schenkte unsere Getränke ein und gemeinsam gingen wir zurück in die Ecke, wo „meine" Matratze lag. Gott sei dank war

mein bisheriger langweiliger Gesprächspartner scheinbar blasenschwach und demzufolge auf dem Klo, und so konnte ich ohne nervigen Störfaktor mit ihr das Liebesnest beziehen.
Ich war selig, glücklich, stolz und verliebt.
Der Whisky pur, hergestellt von einem Mann namens Jim Beam, war zwar verdammt stark, lockerte aber meine Zunge ungemein und ermöglichte mir, tolle Dinge zu sagen, die bei meiner Angebeteten offenbar gut ankamen. Das ließ mein bisher kaum vorhandenes Ego wachsen und gedeihen, ich war das, was man einen Unterhalter mit Esprit nennt. Tja, Alkohol ist die Lösung vieler Probleme, allerdings oft auch deren Ursache!
Ich kann mich gar nicht mehr genau erinnern, über was wir uns alles unterhalten haben, aber es war einiges und es war wunderschön, sie dabei anzuschauen.
Sie erzählte mir, dass sie über Nacht bei ihrer Freundin bleiben dürfe und dass ihr Vater sie morgen wieder abholen wolle.
Das waren Perspektiven! Über Nacht! Und ich dabei! Das Schicksal war gut zu mir, so gut wie noch nie! Um mental gerüstet zu sein, falls sich auf dem mir noch ziemlich unbekannten Gebiet der Erotik etwas abspielen würde, holte ich mir im weiteren Verlauf noch drei oder vier Whisky-Cola ohne Cola. Sie machte es genau umgekehrt und konsumierte drei Whisky-Cola ohne Whisky.
In meinem Liebeswahn merkte ich gar nicht, wer mehr und mehr von mir Besitz ergriff: Ja, sie natürlich – aber auch der Rausch!
Erst als aus dem Kassettenrekorder das peinliche Lied „Schmidtchen Schleicher“ ertönte und sie sagte: „Tanzma!“, was ich natürlich tat, wurde mir bewusst: „Öha! Der Geist ist topfit, doch der Körper lässt aus!“
Es ist zwar bei „Schmidtchen Schleicher“ völlig belanglos, was und wie man tanzt, aber trotzdem ließ sich eine Tendenz zum Schwindel bei mir nicht verhehlen. Und kalter Schweiß stand mir auch auf der Stirn, was bekanntermaßen kein gutes Zeichen ist.
„Setzma uns wieder hi!“, schlug ich vor, „ratschma lieber no a weng!“

„Wennst meinst", lächelte sie und zurück gings auf unsere Matratze. Ich war zwar froh, nicht mehr wie ein Derwisch herumhüpfen zu müssen, aber so richtig wohl war mir auch im Sitzen nicht. Besonders irritierte mich ein ständiger Drang zum Rülpsen und das Gefühl, dass sich in meinem Leib etwas befand, das herauswollte.
Sie erzählte mir von ihrem Lieblingsfilm, ihrem Lieblingsschauspieler, ihrem Lieblingssänger. Ich sah sie dabei an und wusste ein für allemal: Sie war meine Lieblingsfrau! Und sie saß neben mir und die Nacht war noch lang! Der unangenehme Rülpsdrang würde irgendwann schon verschwinden.
Als sie aber auf ihre Lieblingsspeise zu sprechen kam, die aus Kaiserschmarrn mit Rosinen, Sahne und Apfelmus bestand, erinnerte mich ein Grummeln im Bauch daran, dass etwas diesen partout verlassen möchte.
Dann schlug das Schicksal zu! Das unbarmherzige Schicksal, das einem so oft im Leben nichts vergönnt, nicht einmal eine Nacht mit der absoluten Lieblingsfrau!
Der Idiot, dem die Kassette gehörte, hatte dummerweise das Lied „Aber dich gibt's nur einmal für mich" darauf aufgenommen und dieses lief jetzt.
„Oh, Toni, horch, so a schönes langsames Lied! Tanzma ebba? Bittöööö!"
Wer kann da schon nein sagen, noch dazu, wenn die süßen grünen Augen leuchten und vielsagend zwinkern. Welcher Mann, der halbwegs bei Verstand ist, kann sich da verweigern, trotz Rülpstendenz? Keiner, auch ich nicht!
„Freilich", presste ich heraus, „langsam is immer guat!", und ich versuchte krampfhaft, ein verführerisches Lächeln aufzusetzen. Obwohl die Rülpstendenz einer Speitendenz gewichen war, mir war sauschlecht, um es nobel auszudrücken.
Es kam, wie es kommen musste, bzw. wie es das hundsgemeine Schicksal wollte:
Gerade als sie die Arme um meinen Hals schlang und sagte, „du bist fei no süßer als Kaiserschmarrn mit Rosinen und Sahne", fanden etliche Whisky-Cola und ca. ein halbes Pfund Chips, Erd-

nüsse und Gummibärchen aller Farben den Weg nach oben und dann in die Außenwelt!

Um es kurz zu machen: Ich kotzte wie ein Reiher und zwar in ihr Dekollete.

Dass der Abend abrupt für mich beendet war, brauche ich nicht mehr zu erwähnen. Und dass das zarte Pflänzchen beginnender Zuneigung ihrerseits verdorrt war, auch nicht.

Sie verließ unter den bedauernden Blicken der anderen Gäste weinend und besudelt die Party.

Ich auch, allerdings unter dem Gelächter der anderen Gäste. Bedauert hat mich keiner, lauter Deppen!

Ein Jahr später ist sie mit ihren Eltern weggezogen, nach Franken, erzählte man mir.

Angeblich ist sie längst glücklich verheiratet, mit einem Arzt. Naja, es sei ihr gegönnt, dass sie einen tollen Mann bekommen hat. Aber schlecht wäre ich auch nicht gewesen!

# A guads neis Jahr

„Was machen wir heuer an Silvester?“
Das ist eine der kniffligsten Fragen, die uns regelmäßig das Jahresende verkompliziert und erschwert, weil uns, meiner Frau und mir, nichts Vernünftiges einfällt.
Wobei mir persönlich schon etwas einfallen würde, nämlich: Wir machen gar nichts!
Aber diese ebenso brillante wie kostengünstige Idee findet weder im Familien- noch im Freundeskreis Anklang!
Das hat zur Folge, dass alljährlich verschiedene Vorschläge gemacht, erörtert und verworfen werden.
Feiern bei uns daheim und Freunde einladen? Hätte den Vorteil, dass ich nach der Fete nicht nach Hause fahren müsste, da ich ja zu Hause wohne. Hätte allerdings den Nachteil, dass man als Gastgeber aufbleiben muss, bis der letzte redselige Trunkenbold verschwindet und das kann dauern! So bis halb vier Uhr morgens bin ich schon mit hängenden Augen dagesessen und habe mir Ehe-, Prostata- und sonstige Probleme angehört, unterbrochen nur von gelegentlichem Schluckauf.
Damit nicht genug – tags darauf beginnt das neue Jahr mit Lüften, Aufräumen und Putzen! Vom schädelsprengenden Kopfweh ganz zu schweigen, denn man konnte ja „was trinken“, da man nicht heimfahren musste! Oft habe ich mir an Neujahr geschworen, nie mehr einen Schnaps anzufassen, doch bereits an Heiligdreikönig war mir dieser Schwur entfallen!
Also: Daheim Silvester feiern hat eindeutig mehr Nach- als Vorteile!
Eine Alternative wäre es, in einem Restaurant einen Tisch zu reservieren und mit Freunden ins neue Jahr hineinzufeiern. Um 24 Uhr dann das obligatorische Anstoßen mit mitgebrachtem Champagner (39,95 € im Supermarkt), dann das gemeinsame Sich-um-den-Hals-fallen, verbunden mit den besten Wünschen fürs neue und bestem Dank fürs alte Jahr. Dann demonstratives Gähnen und Heimfahren.

Ok, diese Art des Begehens des letzten Tags des Jahres hätte wenigstens keine Verschmutzung der eigenen Wohnung zur Folge, aber es ergibt sich der Konflikt zwischen Alkohol- und Fahrgenuss! Meine Frau fährt nachts nicht, weil es da oft überraschend dunkel ist und es ist immer blöd, wenn man wie ich der ist, der nüchtern bleiben muss. Denn die, die nicht fahren müssen und deshalb trinken dürfen, werden von Minute zu Minute alberner und kommen einem schließlich vor wie komplette Idioten.

Langer Rede kurzer Sinn: Früher war alles einfacher, auch der Silvester!

Denn die Planung war schnell erledigt, es gab keinerlei Diskussionen: Wir treffen uns um 19 Uhr und dann geht's auf! Alle kommen zu Fuß und erst am Neujahrstag bei Tageslicht gehen wir heim! Mehr war nicht zu erörtern.

Es war eigentlich jedes Jahr dasselbe und es war jedes Jahr zünftig! Vermutlich ist es einfach grundsätzlich besser, sich nicht allzuviele Gedanken zu machen.

Ein ganz besonderer Silvester war allerdings der des Jahres 1977! Wieder waren wir uns in der Clique einig, dass wir im Stammlokal feiern wollten, denn immerhin hatten wir seit genau einem Jahr nicht mehr Silvester gefeiert! Man feiert es eigentlich viel zu selten!

Und nun zum Besonderen: In unserer Clique befanden sich auch etliche junge Franzosen, nämlich zwei.

Wieso das? Das ist schnell erklärt: Meine Heimatstadt Furth im Wald beherbergte in dieser Zeit eine französische Garnison. Denn, und das werden die jungen Leute von heute gar nicht mehr wissen, damals lauerte im Osten noch „der Feind"! Zumindest wurde uns das so gelernt. Wir, diesseits des sogenannten „Eisernen Vorhangs", wir waren die Guten. Und auf der anderen Seite der deutsch-tschechischen Grenze, die nur zwei Kilometer von uns entfernt war, waren die Bösen.

Politisch korrekt hatte man das natürlich anders ausgedrückt: Wir gehörten zur „freien Welt", die anderen waren Kommunisten; militärisch hießen wir NATO, die Bösen nannte man „Warschauer Pakt" oder auch „Ostblock".

Und weil Frankreich auch zur NATO gehörte, waren in Furth im Wald französische Soldaten stationiert, um den Funk des Feindes abzuhören und uns Waldlern eine Kultur zu bringen.
So weit zur Vorgeschichte und zur Erklärung, wieso einer Oberpfälzer Jugendclique im Jahre 1977 zwei junge Franzosen angehörten.
Und diese zwei Franzosen, die übrigens hervorragend deutsch sprachen, teilweise sogar bayerisch (statt „merci" sagten sie schon „mersse"), hatten eine Idee, was den Silvesterabend betraf, und zwar folgende:
Man könnte doch mal etwas anderes machen, als Bier in sich hineinzuschütten und sich mit Pizzas und Currywürsten die Wampe vollzuschlagen. Dies sei zwar zweifelsohne nahrhaft, aber auf der untersten Stufe der Ernährungsetikette! Nicht umsonst gelte die französische Küche als die nobelste der Welt! Nichts gegen die bayerischen Speisen, so Noël-Philippe, einer unserer beiden Gallier, aber ein Semmelknödel und eine Pastete mit dünn gehobelten weißen Trüffeln, das seien halt nun mal zwei Paar Stiefel! Und deshalb hätten er und Jean-Luc (der andere Franzose) folgenden Vorschlag:
Sie zwei wollten sich heuer um die Silvesterfeier kümmern, und zwar komplett: Von der Dekoration über die Speisenauswahl bis hin zu den Getränken.
Wir sollten die Gelegenheit erhalten, einmal Schnecken im Kräuterbuttersud, Froschschenkel und Gänseleberpastete zu genießen, es würde eine nie gekannte Geschmacksexplosion für uns werden!
Und, was im ersten Moment fürchterlich klang, es sollte kein Bier geben, sondern ausschließlich französischen Wein und Sekt sowie alkoholfeie Getränke für schwache Mägen.
Wir Nichtfranzosen überlegten kurz und dann sagten wir das, was man viel öfter sagen sollte: „Warum nicht!?"
Und so kam es, dass wir am 31. Dezember 1977 erstmals einen rein französischen Silvester feierten.
Als es so weit war und wir es betraten, erkannten wir unser Stammwirtshaus kaum wieder: Das ganze Gastzimmer war mit

rot-weiß-blauen Fahnen und Bändern geschmückt, auf der Theke stand ein kleiner Bronzeeiffelturm und aus einer Ecke blickte uns ein täuschend echter Plastiknapoleon streng an.
Natürlich erklang bei unserem Einmarsch die Marseillaise und Noël-Philippe und Jean Luc begrüßten jede(n) einzelne(n) von uns mit „bonjour Monsieur" bzw. „bonjour Madame", die Sache hatte wirklich Stil, das muss man sagen!
Und es war keine staubtrockene Begrüßung, im Gegenteil: Es wurde pro Person ein Glas Champagner und ein Glas Pastis kredenzt. Letzteres sei ein traditioneller französischer Anisschnaps, erklärten sie uns Banausen, die wir bisher spirituosenmäßig nur alkoholisches Wurzelgemüse in Form von Blut- und Bärwurz gekannt hatten.
Nachdem wir uns nach mehreren Aperitifen gesetzt hatten, wurden aus der Küche mit kleinen Servierwägelchen die kulinarischen Highlights in die Gaststube gebracht: Drei große silberne Platten, eine bestückt mit einer ganzen Siedlung von Häusern, in denen Schnecken wohnten, eine mit Froschschenkeln und die dritte mit hellbraunen Scheiben, die wir zunächst für ganz banale Streichwurst gehalten hatten, die uns aber die beiden Franzosen als Pastete von der Leber der Gans vorstellten.
Unter andächtigem Schweigen, aber auch mit einer gewissen Skepsis betrachteten wir die Speisen, die wir bis zu diesem Tag weder gesehen, geschweige denn gegessen hatten.
Der erste, der wieder Worte fand, war der neben mir stehende Kare, der mir zuraunte: „Meiner Lebtag fries i des Zeig ned, lieber verhungere!"
„Des kannst ned macha!", raunte ich zurück, „da Noël-Philipp und da Schorsch (ich nannte Jean immer scherzhaft Schorsch) san so stolz auf des Glump! Schwoabs mit Wein owe, dann geht's scho!"
Ich wandte mich mit einer Frage an die Spezialisten: „Isstma des aso? Blank? Ohne alles? Oder gibt's do Pommes dazua oder wos?"
„Natürlisch nischt!", antwortete Noël-Philippe, „ es gibt nosch Baguette dasu, knusprisch gebacken in de Oufen! Superb, das sag isch dir!" Dabei verdrehte er verzückt die Augen und presste Dau-

men und Zeigefinger zusammen, um das internationale Fingerzeichen für „vorzüglich" zu erzeugen.
Nachdem die superben Stangenbrote aus dem „Oufen" geholt worden waren, begann das Mahl. Nach einem weiteren Pastis und einem kräftigen Schluck Bordeaux fasste ich als erster Mut und legte mir keck je drei Schneckenhäuser und Froschschenkel auf meinen Teller, begleitet von den bewundernden bzw. angeekelten Blicken meiner Freunde.
Die Bewunderung wuchs, der Ekel auch, als ich die drei Schnecken mittels einer kleinen Gabel aus ihren Ein-Zimmer-Wohnungen herauszog und sie oberflächlich betrachtet den Exkrementen größerer Nagetiere nicht unähnlich waren. Da sie aber unerwartet gut rochen in ihrem Kräuterbuttersud, riskierte ich es und aß sie, alle drei, vorsichtshalber mit einem kräftigen Stück Baguette.
Aller Augen waren auf mich gerichtet und alle warteten auf eine Reaktion meinerseits, auch unsere beiden NATO-Verbündeten. Und weil mir die schleimigen Gesellen tatsächlich gemundet hatten, sprach ich das größte Kompliment aus, das ein Oberpfälzer einer Speise zukommen lassen kann: „Leit, ich daad sagen, des Zeig konnma essn!"
Erleichterung und Stolz leuchteten aus den Augen der französischen Freunde.
Was die einheimischen Mitglieder der Festgesellschaft betrifft, wich deren Zurückhaltung binnen weniger Sekunden der blanken Gier, denn Hunger hatten ja alle.
Jeder räumte sich etliche mit Bewohnern gefüllte Schneckenhäuser, makaber aussehende Leichenteile von Fröschen und Pastetenscheiben auf seinen Teller. Es wurde geschmatzt, geschleckt, gezutzelt und getrunken.
Die Zeit verging und das Jahr 1977 lag in seinen letzten Zügen. Aus dem Radio tönte ein aktueller Hit, der passte wie die sprichwörtliche Faust aufs Auge: „Lost in France" von Bonnie Tyler!
Es wurde ein feuchtfröhlicher Silvesterabend, Wein, Sekt und Pastis flossen in Strömen und Kare bestellte zu vorgerückter Stunde nur noch einen Herrn namens Bodo, weil er Bordeaux nicht mehr ordnungsgemäß aussprechen konnte. Die drei großen Sil-

berplatten wurden komplett abgeräumt und von den acht Stangen Baguette blieb kein Krümel übrig.
Als es kurz vor Mitternacht hieß „alles auße, Feierwerk oschaun!“, merkte ich schlagartig, dass ich nicht mehr vollständig Herr meiner Sinne und meiner Beine war. Ich hatte als Biertrinker die Wirkung der fremdartigen Flüssigkeiten maßlos unterschätzt und befand mich in einer Art Dämmerzustand. In diesem stolperte ich mit den übrigen Freunden vor mir und dem Sektglas in der Hand hinaus.
Scheinbar hatte es geschneit, denn die Straße vor dem Lokal war weiß. Wie sich zeigte, war sie nicht nur weiß, sondern auch glatt, denn ich rutschte aus und fiel mit Schwung und mit dem Kopf nach vorne auf den Boden. Dort lag ich nun auf dem Bauch, was mir komischerweise, vermutlich alkoholbedingt, gar nicht so schlimm vorkam, auch die zerrissene Hose nicht und auch nicht, dass das Sektglas zerbrochen war und sich bereits ein großer roter Blutfleck auf dem frischen Schnee gebildet hatte.
So weit, so peinlich!
Doch es kam noch schlimmer! Mein Vater, ein leidenschaftlicher Schafkopfspieler, hatte auch am Silvester nicht auf seinen geliebten Zockerabend verzichtet und war gerade auf dem Heimweg. Da er Lärm aus der Richtung meines Stammlokales hörte und da er wusste, dass ich dort war, wollte er kurz vorbeischauen und sich darüber freuen, was für einen Spaß die jungen Leute haben. Als er beim Wirtshaus angelangt war, sah er die ganze Clique auf der Straße stehen, außer seinem einzigen Sohn, der ich bin. Dieser Sohn stand nicht auf der Straße, sondern lag vor ihm auf dem Bauch, blutend, gefüllt mit Schnecken und Beinen des Frosches und mit einem französischen Saurausch.
Weil es plötzlich sehr ruhig geworden war, blickte ich kurz auf und erkannte den, der vor mir stand und der mit meiner Mutter verheiratet war.
Jetzt hieß es, souverän bleiben, jetzt musste etwas Intelligentes gesagt werden, damit der Vater nicht merkt, dass sein Sohn der besoffenste Feierer von allen ist. Nach kurzem Nachdenken sprach ich die Worte: „A guads Neis!“

„Omei, omei!“, sagte er, „ogeh duats moang wahrscheinlich mit Schädlweh!“
„Hebtsna auf, den Deppen!“, bat er meine Freunde und ging heim.

# Zu Befehl!

Wenn man wie ich 1959 das Licht der Welt erblickt hat, dann fällt die Bundeswehrzeit rein rechnerisch in die glorreiche Ära der 70er Jahre. Und weil es seinerzeit mit der Freiwilligkeit nicht weit her war, musste ich am 1. Juli 1978 meine 15-monatige Wehrpflicht antreten. Aber „heimatnah“, wie es hieß, nämlich beim Jägerbataillon 113 (hat mit der Jagd auf Rehe, Hasen oder ähnliches Getier nichts zu tun!) in unserer Kreisstadt Cham, die mir aus der Schulzeit bestens vertraut war.

Natürlich hätte ich rein theoretisch die Möglichkeit der „Wehrdienstverweigerung“ gehabt, aber das war mir ehrlich gesagt zu anstrengend! Soeben erst der Schule und dem dortigen Leistungsdruck (ironisch gemeint, ich hatte eine tiefenentspannte Schulzeit) entronnen, schon wieder argumentieren und meine Lügen begründen? So, wie in Mathe, als ich die Hausaufgabe nicht gemacht hatte und als Entschuldigung auf ganztägigen plötzlichen Brechdurchfall verwies? Und als ich dann erfahren musste, dass der Mathelehrer mich an besagtem Krankheitstag im Freibad gesehen hatte, wo ich mehrmals vom 5-Meter-Turm gesprungen war? Worauf er mir dann sagte, dass ein normaler Mensch ungern mit Brechdurchfall ins Freibad geht! Und wenn, dass er dann sicher nicht mit großem Gejohle vom Sprungturm hechtet! Nein danke, muss ich nicht haben!

Deshalb keine Verweigerung, denn aus sicherer Quelle (Stammtisch) wusste ich, dass die Gespräche beim Wehrdienstverweigerungsprüfungsausschuss (welch ein Wort, deutscher geht's kaum!) oder wie das Gremium hieß, äußerst diffizil waren. Zum Beispiel, so erzählte man mir, würde man dort Folgendes gefragt bzw. mit folgender Situationsbeschreibung konfrontiert:

„Sie gehen mit Ihrer attraktiven Freundin nachts im Stadtpark spazieren. Plötzlich überfällt Sie ein entlaufener Triebtäter, bewaffnet mit einem Messer. Er fällt über Ihre Freundin her und macht Anstalten, sie zu missbrauchen. Sie haben eine Schusswaffe bei sich und könnten Ihre Freundin nur retten, indem Sie den Triebtäter erschießen. Schießen Sie?“

Eine hinterlistige Frage an einen friedliebenden Menschen!
Meine ehrliche Antwort hätte gelautet: „Ich habe keine Freundin, eine attraktive sowieso nicht! Und ich habe auch keine Schusswaffe! Und einen Stadtpark haben wir auch nicht, nicht einmal einen Triebtäter! Wir sind eine arme Kleinstadt an der tschechischen Grenze!"
Dies wäre zwar alles wahr gewesen, hätte mich aber sicher nicht vor dem Wehrdienst bewahrt.
Langer Rede kurzer Sinn: Die Option Verweigerer stand für mich nicht zur Debatte!
Wäre noch die Möglichkeit von Senk-, Spreiz- oder Plattfüßen, kombiniert mit Sehschwäche und Schwindelattacken mit der Folge der Ausmusterung geblieben. Doch auch das war mir nicht vergönnt! Es wurde lediglich bei der Musterung (peinliche Veranstaltung, man wollte intimste Stellen an meinem Körper sehen, die bis dato und vor langer Zeit nur meine mich wickelnde Mutter gekannt hatte) festgestellt, dass ich einige Zahnplomben besitze und ich deshalb nicht als Kampfpilot eingesetzt werden könne, nur im Bodenkampf. Dies bedeute „15 Monate Dreck fressen und kriechende Fortbewegung ähnlich einem Reptil, nur knapp UNTER der Grasnarbe und nicht darüber", wie mir ein gehässiger Bekannter grinsend weissagte!
Das konnte ja heiter werden!
Aber wie so oft im Leben: Es wird nichts so heiß gegessen, wie es gekocht wird!
In meinem Fall hieß das, dass es nicht 15 Monate Dauermartyrium waren, im Gegenteil!
Es gab oft sehr relaxte Momente, manchmal sogar lustige Episoden. Und auch die Vorgesetzten mit allerlei Streifen und Sternlein auf den Schulterklappen waren bei Weitem nicht so schlimm, wie sie mir noch wenige Tage vor meinem „Einrücken" angekündigt worden waren.
Dies mag auch daran gelegen haben, dass ich seinerzeit eine Illustrierte für Hochbegabte und Feingeister namens „Playboy" abonniert hatte und diese gerne höheren Dienstgraden zur nächtlichen Lektüre überließ, damit die sich ziehenden Stunden

des Wachdienstes nicht zu langweilig wurden. Bestimmt habe ich dadurch manchen vor dem Einschlafen und unser Vaterland vor überraschenden Angriffen bewahrt! Muss nicht, kann aber sein!
Wie jeder weiß, der „gedient“ hat: Die härteste Zeit des Wehrdienstes sind die Wochen der „Grundausbildung“! Hier lernt man wesentliche Dinge wie beispielweise im Gleichschritt zu marschieren, das Gewehr richtig zu halten, es auseinander- und wieder zusammenzubauen, es zu reinigen und vor allen Dingen, es nicht zu verlieren.
Man erfährt auch, dass man geradeaus schauen sollte, wenn es heißt „Augen geradeaus!“ und dass man sich rühren muss, wenn der Befehl „rührt euch!“ lautet.
Wertvolles fürs ganze Leben! Und das nicht nur kostenlos, man bekam sogar 200 D-Mark Wehrsold monatlich!
Bisweilen wurde es auch komplizierter! „Kehrt marsch!“ zum Beispiel beinhaltet zwei Tätigkeiten in einem Befehl: Sich umdrehen und selbstständig Gehbewegungen einleiten – da hieß es, konzentriert zu bleiben, damit man nicht stolperte oder gar in die falsche Richtung marschierte!

„Formalausbildung" nannte sich das Ganze. Der Ort, wo es stattfand, war ein geteertes Areal namens „Exerzierplatz".
Ich denke mit Grausen an einen heißen Augusttag, an dem wir wieder einmal exerzieren mussten. Neben mir exerzierte der Jäger (unterster Dienstgrad, nicht Hobby!) Horn im Schweiße seines hitzeroten Angesichts.
Nach etlichen Dreh-, Schreit- und Gewehrbewegungen kam es, wie es kommen musste: Beim Befehl „Stillgestanden!" stand Kamerad Horn für einen Augenblick still, um dann wie eine Brezn umzufallen, unter lautem Scheppern seines Gewehres.
Dienstbeflissen gab ich dem Ausbilder mündlich zu Protokoll: „Jäger Lauerer meldet, dass Jäger Horn soeben umgefallen ist wie eine Breze!"
„Danke, Jäger Lauerer! Helfen Sie Jäger Horn auf! Kurze Schwäche ist normal, wird schon wieder, hohe Temperaturen heute!"
Na toll! Ich muss bei dieser Gelegenheit hinzufügen, dass Jäger Horn ca. 110 Kilo Lebendgewicht besaß, was für unser damaliges Alter von rund 19 Jahren deutlich über der Norm lag.
Doch Befehl ist Befehl! Keuchend brachte ich den nassgeschwitzten, benommenen und übelriechenden Horn wieder in eine halbwegs senkrechte Körperstellung, worauf er sich wortlos erbrach.
Dies war nach der unmenschlichen Anstrengung bei Blutshitze der Höhepunkt des Nachmittags! Ich schwor mir, niemals mehr Meldung zu machen, wenn ein Nebenmann von mir kurz die Besinnung verliert, von mir aus soll er liegenbleiben und vollständig ausdörren!
Es sei denn, es ist ein ganz magerer von 50 Kilo minus x, dann helfe ich ihm eventuell auf!
Hochwissenschaftliche Fortbildungen standen bisweilen auch auf dem Programm.
Ich erinnere mich an die „ABC-Ausbildung im Felde", auf gut deutsch heißt das in etwa „Informationen zum Schutz vor Atomwaffen im Freien".
Das war wichtig, denn damals rechnete man jederzeit mit einem Angriff „des Russen", der ursprünglich aus dem fernen Osten (Sowjetunion) kam, der aber im nahen Osten (Tschechoslowakei)

lauerte! Und wenn es richtig dumm gehen würde, dann käme er überraschend herüber und hätte Atomwaffen dabei, die er auf uns werfen würde. Vor diesen galt es sich zu schützen.
So dachte man damals, also so ähnlich wie heute.
Unter der Führung eines erfahrenen Stabsunteroffiziers marschierten wir also „ins Feld“, das aus einer Wiese bestand, die ungefähr drei Kilometer von der Kaserne entfernt war. Auf diesem Grünland probten wir dann das Verhalten im Atomkrieg.
Der Ausbilder gab jedem von uns eine zusammengelegte glänzende Folie, wie man sie heutzutage in jedem Sanka als Rettungsdecke finden kann. Er wies uns an, die Folie auseinanderzufalten, was wir unter großem Knistern und Rascheln taten.
Sodann mussten wir die mitgeführten Gasmasken aufsetzen. Plötzlich schrie der Stabsunteroffizier „Strahlung von oben! Alle Mann (Frauen gab es seinerzeit noch keine bei der Armee) flach auf den Boden legen und den Körper vollständig mit der ABC-Schutzfolie bedecken!“
Wir taten wie befohlen und ich dachte bei mir: „Aha! So einfach ist das also! Maske auf, Decke drüber und schon ist man save!“ Und wir Deppen hatten immer geglaubt, bei einem Atomangriff wären wir chancenlos! Von wegen, alles gut dank Maske und Decke! Ätschbätsch, Russe!
„Es gibt Alphastrahlung, Betastrahlung und Gammastrahlung!“, belehrte uns der atomar kompetente Ausbilder, „die gefährlichste ist die Gammastrahlung, da hat ein normaler Mensch ohne Maske und Decke keine Chance! Alpha und Beta sind nicht ganz so schlimm! Aber zum Spaßen auch nicht!“
Aha! Gut zu wissen! Ich hatte die Gammastrahlen schon lange im Verdacht, dieses atomare Drecksgschwerl!
Franzl, ein Klassenkamerad von mir und auch jetzt in meiner Gruppe, war im Fach Physik wie ich keine Leuchte, hatte aber trotzdem ein paar Fachausdrücke aufgeschnappt, was sich im Unterricht trotz konzentrierter Nichtaufmerksamkeit nicht vermeiden lässt.

Dass Franzl einen schrägen Humor hatte, war mir klar, aber trotzdem beeindruckte er mich sehr, als er dem biederen Ausbilder folgende hinterlistige und völlig sinnfreie Frage stellte:
„Äh, Herr Stabsunteroffizier, melde, dass ich eine Frage hätte!" Dabei setzte er zwecks besserer Verständlichkeit seine Gasmaske ab.
„Jäger Obermeier, im Ernstfall wären Sie jetzt tot!", schockierte ihn der Vorgesetzte, „ohne Gasmaske keine Chance!"
„Schon klar", entschuldigte sich Franzl, „aber sonst verstehen Sie mich ja nicht, und ich hätte wirklich eine Frage!"
„Dann fragen Sie, Jäger!" Jetzt ersparte er sich sogar den Namen des Soldaten Obermeier.
„Wegen der Strahlung wollte ich fragen. Wenn die Halbwertszeit der ionisierten Isobaren höher ist als der Hypotenusenzerfall der Uranatome, ist das dann besser oder schlechter?"
Mit ratlos gerunzelter Stirn blätterte der Gefragte in seinem Lehrbuch, um nach gefühlten fünf Minuten zu antworten: „Das ist eine sehr interessante Frage! Aber das braucht ihr in der Grundausbildung noch nicht zu wissen, das kommt später!"
Es kam nie!
Doch wenn jemand meint, die Bundeswehrzeit hätte mir nichts gebracht, der irrt! Ich zehre heute noch davon, denn:
Ich bin mit einem Gewicht von 85 Kilogramm zur Truppe gekommen, verlassen habe ich sie nach 15 Monaten dank vieler Currywürste und Spezis in der „Nato-Pause" mit 98 Kilo!
Und dieser Zugewinn ist mir geblieben!

# Hunger im Himmel

Das meiste, was in diesem Buch steht, basiert auf eigenen Erlebnissen, Erfahrungen, Erfindungen oder Übertreibungen. Die Episode, die ich nun schildern möchte, habe ich nicht selbst erlebt, sondern ein guter Freund von mir anlässlich eines eigentlich tragischen Ereignisses, das aber halt auch zum Leben gehört, genauso wie die schönen Ereignisse. Und da der Freund weiß, dass ich nicht nur gerne Geschichten erzähle, sondern auch höre, hat er mir davon berichtet.

Es geht um Folgendes: Früher, ganz früher, war es absolut üblich, dass man Angehörige, die verstorben waren, im eigenen Bett aufbahrte und dass sich die Familie um das Bett versammelte, um für den Verstorbenen zu beten und im gewohnten häuslichen Rahmen von ihm Abschied zu nehmen. Der oder natürlich auch die Verstorbene lag dabei feierlich gekleidet und mit gefalteten Händen friedlich mit geschlossenen Augen da.

Heutzutage ist das absolut unüblich, zumindest in unserer Wohlstandsgesellschaft.

In den 70er Jahren kam es dagegen noch ab und zu vor.

So war es auch bei der Oma meines besagten Freundes, die im gesegneten Alter von 92 Jahren ihr irdisches Dasein sanft im Schlaf beendet hatte.

Da lag sie nun in ihrem Bett, in dem sie verstorben war und die Familie saß andächtig bei ihr und schickte sich an, den Rosenkranz zu beten.

Mein Freund, damals 12 Jahre alt, war auch dabei, damit er lernen möge, dass das Leben früher oder später zwangsläufig tödlich endet. Seiner Schwester, damals vier Jahre, wollte man diese bittere Erfahrung noch ersparen und sie spielte in ihrem Zimmer mit ihrer Puppe, zumindest dachten das alle.

Plötzlich, mitten im Rosenkranz, ging die Tür auf und das Mädel kam herein. Erstaunt blickte sie auf die bleiche Oma und die versammelten Menschen.

„Wos is denn mit da Omama?“, fragte sie ihre Mutter.

„D'Oma is etza im Himmel! Und sie is a Engel!", erklärte ihr die Mama kindgerecht.
„A Engerl? Mei, schee!", freute sich das Kind, „dann kanns umeinander fliegen und owaschaun aaf mi!"
„Genau!", sprach die Mutter.
„Mama, gibt's im Himmel ebbs zum essen?"
„No freilich! Ganz guade Sachen! Da konn d'Oma den ganzen Tag essen, was sie mag!"
„Oweh!", sagte das Mäderl zerknirscht mit Blick auf das Glas, das auf dem Nachtkastl der Oma stand, „und sie hat ihre Zähne vergessen!"

# Die Straubinger Sauerei

1978 – ein besonderes Jahr! Zumindest für meine Clique! Denn endgültig alle waren wir jetzt 18 und damit volljährig!
Das bedeutete, dass wir ab sofort machen durften, was wir wollten – falls wir es uns leisten konnten! Vor allem aber, falls wir das weibliche Wesen fanden, das das mitmachte, was wir wollten!
Denn das war 1978 so und das ist auch heute noch so: Wenn man 18 Jahre alt ist und dummerweise auch noch männlich, wird man weder vom Bauch noch vom Gehirn gesteuert, sondern ausschließlich von den im Überfluss vorhandenen Hormonen!
Wie es sich bei den Frauen verhält, vermag ich nicht zu beurteilen, weil ich bisher noch keine war. Betrachtet man die Entwicklung auf diesem Gebiet (Stichwort „freie Wahl des Geschlechtes“), neige ich aber fast zu der Binsenweisheit: Man soll nie „nie“ sagen! Wobei ich aber im Falle eines Falles eine Perücke benötigen würde, da mich am obersten Ende meines Körpers eine „Plattn“ ziert.
Egal, wenden wir uns unserem Nesthäkchen Mane zu, denn um diesen geht es in dieser Geschichte!
Seine Hormone wollten partout keine Ruhe geben und trieben ihn Tag und besonders Nacht an, endlich ein Weibchen zu finden, das für hormonellen Austausch sorgen wollte.
Nun muss ich aber ehrlicher- und für Mane peinlicherweise erwähnen, er möge es mir verzeihen, dass er zwar ein Eins-A-Kumpel und sogar ein halbwegs talentierter Schafkopfspieler war, aber: Er hatte keine glückliche Hand im Umgang mit der Damenwelt! Wenn mich seinerzeit jemand nach dem Gegenteil von „charmant“ gefragt hätte, hätte ich geantwortet „Mane“!
Ich weiß nicht genau, an was es lag, aber ihm fehlte komplett jegliche Distanz zum schönen Geschlecht, die Frauenversteher wie mich auszeichnet!
Ich darf es an einem Beispiel erklären: Bei den damals üblichen samstäglichen Tanzveranstaltungen waren wir fünf regelmäßig anwesend in der Absicht, den Hormonen ihren Willen und freien Lauf zu lassen. Meine mir angeborene Noblesse gebot mir, zur er-

wünschten Tanzpartnerin hinzugehen, kurz eine dezente Verneigung anzudeuten und dann höflich zu fragen: „Darf ich bitten?" Die freundliche Antwort lautete oft: „Bitten derfst scho, owa danzn damma ned!"

Nun gut, „blöd gelaufen" mag man sagen, aber mit Sicherheit hatte ich damals in der Damenwelt den Ruf, ein vollendeter Gentleman zu sein! Nebenbei vielleicht auch ein Depp, aber einer mit guten Manieren!

Ganz anders verhielt es sich bei Mane! Schon die Aufforderung zum Tanz fand bei ihm nicht mündlich, sondern körperlich statt! Er stürzte nämlich auf seine Auserwählte zu, packte sie wortlos am Arm und zerrte sie auf die Tanzfläche. Da Widerstand zwecklos war, verzichtete die Geschockte auf Gegenwehr und war teils verängstigt, teils aber auch gespannt, was von diesem archaischen Typen zu erwarten war – oder zu befürchten!

Und Mane erfüllte sämtliche Erwartungen bzw. Befürchtungen! Nachdem er die erste Polka wortlos und schwitzend mit plumpen Schritten absolviert hatte, ging er, während man auf der Tanzfläche auf das nächste Lied wartete, in die Vollen:

Indem er seinen rechten Arm besitzergreifend um ihre Schulter legte, sprach er folgende gefühlsarme Worte: „Aso a Bluatshitz, ha! Gema ebba auße aaf an Sprung?" Beim an sich harmlosen Wort „Sprung" blinzelte er erkennbar mit den Augen und seine rechte Hand rutschte wie zufällig von ihrer Schulter auf ihre Pobacke.

Die Reaktion ließ nicht lange auf sich warten: „Dregbär" war das erste und letzte Wort, das er von seiner Tanzpartnerin hörte. Sie verpasste ihm eine Ohrfeige, ließ ihn zwischen den Polkafans stehen und ging zurück zum Tisch, wo ihre Freundinnen saßen. Sodann berichtete sie diesen empört, welchem Schweinigel sie in die Hände gefallen war, was diese mit dankbarer und erregter Neugierde zur Kenntnis nahmen.

Er selber sah das Ganze nicht so tragisch und kommentierte es regelmäßig mit dem optimistischen Satz: „Irgendwann haut's hi!"

Auf diese Weise hatte Mane bald im ganzen Um- um nicht zu sagen Landkreis den zweifelhaften Ruf als Büffel par excellence und

konnte sich in keinem Tanzpalast mehr sehen lassen, ohne angewidert beäugt und als distanz-, instinkt- und gefühlloser Dorfstier eingeschätzt zu werden.
Auch auf uns Begleiter färbte dieses vernichtende Urteil der Damenwelt ab, galten wir doch als Freunde des Büffels, was wir ja auch waren.
Dieser traurige und peinliche Umstand war der Grund dafür, dass wir uns im Herbst 1978 entschlossen, mit meinem VW Käfer nach Straubing zu fahren, um dort, unerkannt, da unbekannt, in einer Discothek, die meiner Erinnerung nach „Roxy“ hieß, die niederbayerischen Deandln zu begutachten und zu beeindrucken, im Optimalfall hormonell zu behandeln.
Schon auf der Fahrt wiesen wir Mane eindringlich an, sich zusammenzureißen und durch seine niederen und tierischen Instinkte nicht gleich wieder absolute Chancenlosigkeit hervorzurufen. Er versprach es uns hoch und heilig mit den Worten: „Manna! I holt mi zruck, hundert pro! Owa geh solltert scho wos, wennma scho so weit fohrn!“
Was Zweiteres betrifft, waren wir uns alle fünf einig! Aber wie gesagt: Dezent, nicht brachial!
Die Fahrt verlief kurzweilig und ohne Zwischenfälle, abgesehen davon, dass Rudi seine brennende Zigarette hinunterfiel und er sie in der Dunkelheit nicht mehr fand. Ich musste rechts ran fahren, damit wir sie gemeinsam suchen konnten, um einen Kfz-Brand zu verhindern. Wir fanden sie und Rudi rauchte sie erleichtert weiter, da sie noch glimmte. Wir besprachen dann noch, in welcher Reihenfolge wir das Auto nutzen durften, falls „etwas“ gehen würde!
In der Gäubodenmetropole angekommen, wählten wir aus taktischen Gründen einen schwach beleuchteten Parkplatz im hintersten Eck des Discoareals, damit nicht jeder sehen konnte, wenn wir später mit Straubinger Mädels herumschmusten, einer nach dem anderen wohlgemerkt! Für Gruppensex waren und sind wir viel zu fein bzw. verklemmt!
Sodann bespritzten wir uns noch mit ca. einem Liter Rasierwasser der schon öfter erwähnten Erfolgsmarke Pitralon, öffneten die

Hemdknöpfe bis knapp über dem haarigen Nabel und betraten den Tanzpalast, von dem wir uns einiges versprachen.
Sofort richteten sich die Blicke vieler Anwesender auf uns, die wir fremdartig aussahen und von der Physiognomie her keine nativen Straubinger sein konnten. Eigentlich hätten wir die Aufmerksamkeit, insbesondere die der weiblichen Gäste, genossen, aber peinlicherweise spielte der dumme DJ genau bei unserem Einmarsch das damals aktuelle „Lied der Schlümpfe" des holländischen Interpreten Vader Abraham! Und exakt in dem Augenblick, als wir durch die Türe schritten, sang Vader Abraham die Textzeile „Sagt mal, von wo kommt ihr denn her?" und die doofen Schlüpfe antworteten singend mit quäkenden Stimmen „aus Schlumpfhausen bitte sehr!".
Wir sahen das Grinsen der Anwesenden nicht nur, wir spürten es förmlich auf der pitralongetränkten Haut!
Egal, auf jeden Fall hatten wir Aufmerksamkeit erregt, bestimmt auch bei der Damenwelt – und nur darauf kam es an! Mit souveränem Gesichtsausdruck und coolem Gang schritten wir an einen freien Tisch im hinteren Bereich der Sitzplätze, um von dort aus das Material zu sichten, das rein hormonell zur Verfügung stand. Denn obwohl wir nahezu gänzlich unerfahren waren, was intimen Kontakt zum weiblichen Geschlecht betrifft: Jeden Zuckerrüben züchtenden Trampel wollten wir auch nicht, da waren wir uns einig!
Wir bestellten fünf Cola-Weizen, man nahm damals als Mann von Welt nichts anderes zu sich, höchstens noch einen Jägermeister zur besseren Bekömmlichkeit. Doch mit einem Blick auf die Getränkekarte und vor allem auf die Spalte mit den Preisen, beließen wir es beim Cola-Weizen, das immer, daran erinnere ich mich sehr gut, unappetitliche braune Schaumstreifen am Glas hinterließ.
Nun saßen wir also da, frisch gebadet und einparfümiert, mit offenem Hemd und in einer Art Vorerregung angesichts der Dinge, die sich bald abspielen würden bzw. sollten.
Wie immer im Leben war es auch hier so: Das Exotische, das Fremdländische, das Unbekannte, es ist reizvoller als das Norma-

le! Und deshalb erschienen uns die niederbayerischen Mädchen durch die Bank attraktiver als jene, die wir samstäglich bei heimischen Tanzveranstaltungen sahen!
Ich muss allerdings zur Ehrenrettung unserer regionalen Damenwelt sagen, dass dies ein Schmarrn war, damals wie heute! Aber es gilt halt schon seit jeher: Anstatt sich über das zu freuen, was man hat, sehnt man sich nach dem, was man nicht hat! Eine zutiefst menschliche, aber dumme Einstellung!
Der erste, der sich ein Herz fasste, war erwartungsgemäß unser kürzlich volljährig gewordener Mane. Er deutete auf eine wirklich sehr hübsche Blondine an der Theke und sagte: Manna, de schnapp i mir etza!"
Schon wollte er aufstehen und auf die Auserwählte zusteuern, als wir ihn am Hemdsärmel zurückhielten und als deutlich ältere (bereits seit längerem 19!) warnten: „Mane! Reiß di fei bloß zamm! Verschrecks ned glei mit dein triebhaften Schmaaz! Sei charmant, ogreifa konnst später immer no! Erst säen, dann ernten, so hoaßt die Devise!"
„Alles klar!", beruhigte er uns, „i gib voll den Tschentlmän! Des hob i drauf!"
Mit diesen Worten entschwand er in Richtung Theke und holte das blonde Mädel vom Gäuboden auf die Tanzfläche, um mit ihr die „Rivers of Babylon" zu genießen.
Befriedigt hatten wir zur Kenntnis genommen, dass er sich bei der Aufforderung zum Tanze sogar kurz verneigt hatte und dass er sich während des Tanzes offenbar angeregt mit ihr unterhielt. Im Anschluss an die babylonischen Flüsse legte der DJ „Mull of Kintyre" auf, ein 1978 brandaktueller Hit der „Wings", auf den man sehr schön und vor allem langsam schwofen konnte. Und auch jetzt waren wir beinahe stolz auf unseren Mane. Zärtlich, aber nicht aufdringlich drehte er mit der Blondine seine Runden und an beider Lippen konnte man erkennen, dass sie sich angeregt unterhielten.
Unglaublich, aber wahr: Unser Büffel Mane war hier in Straubing zum charmanten Unterhalter mutiert! Es musste an der Luftveränderung liegen. Mit leuchtenden und verliebten Augen brachte

er sie an ihren Platz und kam dann zurück zu uns an den Tisch im dunklen Eck.
„Manna“, schwärmte er, „Manna, eine suuuper Frau! Leck mich am Arsch!“ Es hatte ihn zweifelsohne erwischt – „Liebe auf den ersten Blick“ nennt man das wohl!
„Wia hoaßt's denn?“, fragte Rudi neugierig.
„Waltraud“, hauchte der frisch Verliebte und er gab diesem an sich hausbackenen Namen eine fast erotische Note.
„Und stellts eich vor, de is gar ned direkt vo Straubing! De stammt von an Bauernhof bei Geiselhöring!“
Er musste sich tatsächlich verliebt haben, denn derartige Details hätte er sich normalerweise nie und nimmer gemerkt. Bis dato waren nur Busen und Gesäß die zwei Merkmale, die er in seinem Gehirn abspeicherte, nicht einmal die Augenfarbe!
„Und etz kimmt der Hammer!“, schwärmte er weiter, „de is de oanzige Tochter vo dem Bauernhof! Also vom Bauern, ned vom Hof! Und, halts eich fest, de hamm einen Schweinemastbetrieb mit 500 Sau!“
Der ländlich geprägte Leser weiß, dass dies kein Druckfehler ist, da sowohl Singular als auch Plural des Borstentieres „Sau“ heißen, „Säue“ ist preißisch!
Die blonde Waltraud war also nicht nur äußerlich, sondern auch finanziell eine Augenweide! Mane hatte einen saumäßigen Treffer gelandet!
Wir gratulierten ihm von Herzen zu diesem unerwarteten Fang und ermunterten ihn, am Ball zu bleiben. Ich, schon damals ein verfressener Mensch, dachte bereits an kostenlose Spanferkel lebenslang!
Wir mussten ihn eigentlich gar nicht ermuntern, denn er sagte, er habe vereinbart, gleich wieder mit ihr zu tanzen, er wolle nur einen Schluck von seinem Cola-Weizen zu sich nehmen, um wieder fit zu sein für die nächste Runde. Er wolle sie dann näher kennenlernen und über das Thema Schweinezucht einen Einstieg in intensivere Gespräche finden. Denn auch er entstammte einem landwirtschaftlichen Betrieb, wenn auch nur mit vier mickrigen

Schweinen, ergänzt durch acht Kühe und rund 40 Legehennen, behütet und sexuell belästigt von einem Hahn.

„Genau, red's über d'Sau!", gab ich ihm reimend mit auf den Weg. Er trank sein Cola-Weizen ex und startete erneut in Richtung Thekenschönheit mit Schweinebesitz.

Der nächste Song passte wie die Faust aufs Auge: „Love is in the air", ein brandneuer Hit des Jahres 1978! Es lag tatsächlich Liebe in der Luft! Und wir gönnten es unserem Jüngsten ehrlich und ohne Neid, auch wenn wir vier (noch) unbefriedigt wie so oft bei unserem Getränk saßen, wegen der Dunkelheit in der Discoecke kaum sichtbar für die Damenwelt.

Wir beobachteten wohlgefällig das junge Glück auf dem Tanzboden, um plötzlich folgende schockierende Szene mitzuerleben: Während des Liedes flüsterte Mane der Ökonomenstochter etwas ins Ohr. Plötzlich unterbrach diese ihre rythmischen Bewegungen, gab dem Schweineflüsterer Mane eine schallende Ohrfeige und ging erbosten Schrittes zurück an die Theke.

Sich die schmerzende Backe haltend und vermutlich auch mit rotem Gesicht, was man allerdings im Discohalbdunkel nicht erkennen konnte, kam der Geschändete und Gedemütigte zu uns zurück.

Was war passiert? Ich wollte es sofort wissen: „Ja Mane, wos war etza des? Mane, wos isen los?", fragte ich ihn besorgt.

„Es is mi wieder überkema!", gab er zerknirscht zu, „i war uncharmant, es is mi einfach wieder überkema! I bin so ein Depp! So ein Depp bin i! I kannt mi fotzn!"

„Des konnst dir sparn, des hod d'Waltraud scho erledigt!", meinte Sepp zynisch, „und alle hams gseng!"

Folgendes war war laut Manes schuldbewusster Aussage geschehen:

Während „Love is in the air" hatten die „Dreckshormone" (O-Ton Mane) die Kontrolle über sein Sprachzentrum übernommen und er hatte vom Charmeur- in den Dorfstiermodus gewechselt. Dieser von den Hormonen erzwungene Wechsel führte zu folgenden unheilvollen Worten, die ohne sein Mitwirken aus seinem Mund herauskamen und den Weg zu Waltrauds Ohren fanden:

„Apropos fünfhundert Sau – i hätt dodal Lust aaf a Riesenschweinerei mit dir! Gema auße, am Parkplatz steht mei Käfer! In dem lassma dann d'Sau aus! I mach dir den Saubär und du mir die Wildsau, dann is d'Sauerei perfekt! Kimm, packmas!" Das hatte er zu ihr gesagt, ihr einen Klaps auf den Po gegeben und abschließend gegrunzt.

Wir trauten unseren Ohren nicht!

„Ja Mane, sag amal, spinnst du komplett!", fuhr ich ihn an, „etz host amal a echte Chance bei an super Deandl und dann des! Du bist doch echt ein Volldepp!" Das bei dieser Gelegenheit angebrachte Schimpfwort „Vollpfosten" gab es in den 70ern noch nicht!

Auch Sepp, Rudi und Kare kritisierten Manes indiskutables Verhalten auf das Bitterste und bedachten ihn mit abfälligen Schimpfwörtern aller Art.

Nun mag sich der/die Leser/Leserin denken, wir hätten den gescheiterten Freund eher aufmuntern sollen statt ihn mit Worten zu erniedrigen. Aber uns war nicht nach Aufmuntern, denn der Idiot hatte durch seine Büffelhaftigkeit auch UNSERE Chancen bei der Straubinger Damenwelt auf den Nullpunkt gedrückt! Mit Sicherheit würde Schweinepriesterin Waltraud ihren Freundinnen berichten, welch grobes Oberpfälzer Bauernvolk wir repräsentierten und dass man die Finger von uns lassen solle. Bestimmt würde es so kommen!

Doch es kam schlimmer!

Schweinekönigin Waltraud war vermutlich mit Freunden aus dem Großraum Geiselhöring hier und hatte diesen vom Zwischenfall mit dem ungehobelten Hormonfass Mane berichtet. Vermutlich tränenreich, um die Dramaturgie zu steigern. Man weiß ja, wie diese verzogenen Großbauerstöchter sind! Dies konnten die Freunde nicht auf Waltraud sitzen lassen, ihr niederbayerischer Bauernstolz, der bekanntermaßen riesig ist, war verletzt!

Eine Abordnung von drei Mann kam auf uns zu – alle drei größer, schwerer, älter und brutaler aussehend als wir.

Einer mit Vollbart stellte sich mit verschränkten Armen vor unserem Tisch auf und machte uns folgendes Angebot:
„Wos soll des, ihr Quadratschädeln? Unser Traudi so saublöd anzumacha? Wo kemmts ihr überhaupt her, ihr Hosenpisser?"
Ich darf bemerken, dass zu dieser Zeit noch keiner von uns inkontinent war!
„Aus Furth im Wald", antwortete ich wahrheitsgemäß.
„Aha! Westböhmen also! I hätt mir's denka kinna!", meinte der Bärtige. „Etza spitzts die Ohren, ihr Primaten ausm Woid! Mir gema etza am Parkplatz auße, mir san insgesamt aa fünfe, und dann regeln wir des unter Männern, dass unser Traudi wieder ihra Ehre hod! Die Beleidigung wird gesühnt und zwar körperlich! Dann kinnt's wieder hoamfahrn in d'Tschechei, ihr Dorfdeppen!"
Das waren keine guten Perspektiven, eher schlechte! Wir hatten ein äußerst mulmiges Gefühl, auf deutsch gesagt eine Scheißangst, als plötzlich der bisher sehr schweigsame Kare etwas sagte, das uns im ersten Moment schockierte:
„Ok, ihr niederbayerischen Zuckerruamstampfer! Es lafft folgendermaßen: Mir fünf gemma etza auße und ziang uns um! Mir ham oide T-Shirts im Auto, de ziangma o. Ned dass unsere scheena Hemden dreckig wern von eierm Saumist, weil der stinkt wia d'Sau! In drei Minuten kemts nach und dann fotzma eich, bis ihr Bluat speibts, ihr Zipflklatscher!"
Waaas? Wie bitte?? War Kare des Lebens überdrüssig geworden? Wollte er sterben? Wieso reizte er diese Barbaren bis aufs Blut?
„Diese Beleidigung gibt fünf Extra-Fotzn für jeden vo eich!", kündigte der bärtige Sprecher der Abordnung an. „In drei Minuten gibt's Schläg! Und moang kinnts eier Suppn aus da Schnabeltassn saufa! Tschüss Gebiss!"
„Dann bis später!", meinte der lebensmüde Kare, stand auf und wies uns an, ihm zu folgen. „Zahln damma dann, wennma eich d'Lätschn gscheit derdengelt hamm!" kündigte er an.
Kaum waren wir draußen auf dem Gang, sagte er voller Panik:
„Schneller, Manna! Mir hamm koane drei Minuten! De Gäubodenjunker san ned so bläd, wias ausschaun! De merken des wahrscheinlich schnell, dass mir abhaun wolln!"

Jetzt hatten wir unseren Kumpel erst verstanden! Wir liefen um unser Leben und erreichten nach wenigen Sekunden meinen Käfer, den Schlüssel hatte ich schon im Laufen aus der Hosentasche gefingert, wir sprangen hinein und ich startete den Motor. Ohne Licht fuhren wir weg, denn die Kampfgemeinschaft Geiselhöring war gerade aus der Disco gestürzt und sollte unser Nummernschild nicht sehen!

Wortlos verließen wir Straubing und erst nach Passieren der Stadtgrenze wagten wir wieder zu sprechen.

Rudi war der erste, der sich ein Herz fasste und er bilanzierte den Verlauf des Abends.

Sprachbegabt, wie er war, reichten ihm dafür zwei Worte: „Schwein gehabt!"

# Im Dunkeln ist gut gunkeln

Im Jahre 1970 befanden uns wir, meine Freunde und ich, im zarten vorpubertären Alter von etwa elf Jahren – einige waren es schon, andere wurden es bald.

Wir hatten keine Verantwortung, wir hatten keine Angst vor der Zukunft, wir hatten keine Sorgen und wir hatten keine Ahnung!

Was beispielsweise Mädchen betrifft, legten wir ein noch ziemlich infantiles Verhalten an den Tag. Wir hatten zwar schon einen leisen, einen sehr leisen Verdacht, dass es Möglichkeiten gibt, sich mit dem anderen Geschlecht die Zeit auf angenehme Weise zu vertreiben – konkrete Ideen, wie dabei vorzugehen war, hatten wir allerdings überhaupt keine.

Deshalb beschränkten wir uns darauf, die Mädchen souverän zu ignorieren, bestenfalls zu tratzen (für Nichtbayern: ärgern), indem wir sie an den 1970 noch häufig anzutreffenden Zöpfen zogen oder in ihrer Gegenwart lautstark rülpsten. Ich darf aber ausdrücklich darauf hinweisen, dass ich Zweiteres nie tat, um in der Frauenwelt nicht als ungehobelter und ekelhafter Dorfdepp zu gelten. Mir reichte es schon, dass ich als wamperter Dorfdepp galt! Außerdem konnte ich im Gegensatz zu meinen grobschlächtigen Freunden nicht spontan rülpsen. Bei mir ging es nur mit einem kräftigen Schluck Cola, aber ich hatte selten bis nie eines dabei.

Eines Septembertages, als wir wieder mal in unserer Baumburg zusammensaßen und überlegten, wie wir die damals noch reichlich vorhandene Zeit gestalten könnten, hatte Rudi eine revolutionäre Idee: Es wäre doch schön, die Mädchen mal zu erschrecken! Das würde sie bestimmt beeindrucken, sobald sie den ersten Schock verdaut hatten, und dann würden sie merken, was für tolle Kerle wir sind, Sauhund' praktisch! Und dann, in einigen Jahren, wenn sie uns bei Tanzveranstaltungen sähen, würden sie bestimmt denken: Aaaahhh, das sind die Supertypen, die uns damals erschreckt haben!

Das hörte sich gut an! Sofort genoss Rudi unsere volle Aufmerksamkeit und wir fragten ihn, wie er sich das Ganze vorstelle.

Er unterbreitete uns folgenden ausgeklügelten Plan: Wir müssten uns zunächst pro Mann eine Gunkel besorgen. Es tut vielleicht not, dass ich kurz erkläre, was eine Gunkel ist! Heute beinahe nicht mehr anzutreffen, war es seinerzeit ein beliebtes Futtermittel für Rinder und auch Pferde. Die hochdeutsch als „Runkelrübe“ bezeichnete Feldfrucht hatte in etwa die Größe, manchmal auch die Form eines Menschenkopfes, war außen meist orangefarben und innen weiß. Die Gunkel war relativ hart und es knackte und krachte, wenn eine Kuh hineinbiss, ähnlich dem Geräusch, das ertönt, wenn ein Mensch mit einem großen Mund herzhaft von einem Apfel abbeißt. So viel zum Nährwert und zur Akustik der Gunkel.
Für uns Kinder hatte sie aber einen ganz anderen Verwendungszweck! Wir höhlten sie aus, indem wir das Fruchtfleisch mit einem Messer entfernten. Sodann schnitten wir Öffnungen für Augen, Nase und Mund in die verbliebene Hülle, natürlich mit dem Bemühen, diese Öffnungen möglichst furchteinflößend aussehen zu lassen. Heutzutage praktiziert man derlei Schnitzereien an Halloween mit Kürbissen. Wir aber kannten 1970 weder einen Kürbis noch Halloween! Wir zogen dem amerikanischen Zeugs die heimische Gunkel vor, dachten also schon damals – unbewusst – regional und nachhaltig!
War der Runkelrübenkopf mit greislichen Seh-, Riech- und Sprechlöchern versehen, folgte der Höhepunkt des Horrors: Man stattete ihn innen mit einer brennenden Kerze aus und stellte ihn nächtens auf Fensterbretter oder in dunkle Hofecken, um Einbrecher, verfeindete Nachbarskinder oder ähnliches Gesindel fernzuhalten.
Nun zum perfiden Schreckensplan unseres Kumpels Rudi:
An einem Feldweg nahe unseres Hofes standen zwei große Birken und zwischen diesen ein eisernes Feldkreuz auf einer verwitterten Granitsäule. Uns Kindern wurde von uralten Menschen, also über 50-jährigen Großeltern oder Nachbarn, erzählt, dass sich vor ca. hundert Jahren ein Bauersknecht an einer der Birken aufgehängt habe, weil ihn die Bauerstochter wegen totaler Mittellosigkeit und eines Buckels verschmähte. Seitdem „weize“ es zwischen den

beiden Bäumen in Form eines flackernden Lichtes, das die ruhelose Seele des Buckligen darstelle. Das Licht sei unberechenbar, es erscheine mittendrin und sei genau so plötzlich wieder verschwunden. Wann die arme Seele komplett erlöst sei, wisse man nicht, aber für sie zu beten würde grundsätzlich nicht schaden.
Uns gruselte es deshalb immer, nach Sonnenuntergang an den Birken vorbeizugehen, obwohl wir das bucklige Licht noch nie gesehen hatten. Auf der anderen Seite waren wir aber extrem neugierig, wie die Erscheinung aussehen könnte und deshalb huschten wir an manchem dämmrigen Abend und in manch nebliger Nacht in der Nähe des angeblichen Suizides herum, um eventuell einen Blick auf die flackernde Seele werfen zu können, allerdings vergebens.
Dass die ganze Geschichte ein kompletter Blödsinn war, weil die Birken maximal 30 Jahre alt waren und sich demzufolge vor hundert Jahren weder ein buckliger Knecht noch sonstwer daran aufhängen hätte können, war uns nicht bewusst. Denn damals hatte man noch einen Respekt vor dem Alter und glaubte fast alles, was die Ahnen erzählten.
Der Kreimkreizer Anton, ein überzeugter Junggeselle im biblischen Alter von damals 74 Jahren, hatte als einer der wenigen das Irrlicht schon mehrmals gesehen, als er vom Stammtisch beim Häuslwirt heimging bzw. -wankte. Angst und gut zwei Promille verhinderten allerdings eine Kontaktaufnahme zwischen Seele und Anton. Was er aber beschwören konnte: Er hatte nicht nur das Licht gesehen, sondern auch ein unheimliches „huhu" gehört, eventuell auch ein „houhou", was ihm den Hausnamen „Houhou-Done" einbrachte.
Aber zurück zu Rudis Idee:
Wir müssten nur die Mädchen in der Nachbarschaft dazu bringen, in einer der nächsten Nächte am Wegekreuz vorbeizugehen. Vorab würden uns mit unseren leuchtenden Gunkelschädeln im Gras liegend und deshalb unsichtbar hinter den Birken verschanzen und ein dunkles Tuch über unsere Gunkel legen, damit man das Kerzenlicht nicht schon von weitem sähe. Wenn dann die „bläden Weiber" (O-Ton Rudi) das Kreuz passieren würden, wür-

den wir auf Kommando die Tücher abnehmen, die orange flackernden Horrorgunkeln mit der im Dunkeln unsichtbaren Hand hochhalten und so unheimlich wie möglich „huhu" rufen.
Die „Weiber" würden zu Tode erschrecken, schreiend davonlaufen und unsere Mission würde erfolgreich beendet sein.
Danach würden wir ihnen lachend „ätschbätsch" oder Ähnliches nachrufen und tags darauf in der Schule über unsere Heldentat und ihre Blamage berichten.
Doch wie brachten wir sie dazu, in der Nacht zu den Birken zu kommen? Auch hier wusste Rudi Rat, die Lösung hieß Houhou-Done!
Anton, der aufgrund chronischen Durstes mehr oder weniger beim Häuslwirt wohnte, wurde von uns folgendermaßen instruiert: Wenn er wieder nachmittags am Stammtisch saß, solle er mit Gunda, der 10-jährigen Tochter des Wirtes, die jeden Tag in der hinteren Ecke des Gastzimmers ihre Hausaufgaben machte, Kontakt aufnehmen. Er solle ihr sagen, dass sich der bucklige Knecht damals an einem 20. September erhängt habe und deshalb alljährlich an diesem Tag als blaues (!) Irrlicht zwischen den Birken herumirrlichtere. Harmlos für Passanten, aber unheimlich beeindruckend! Er habe es selbst einmal gesehen und könne diesen zugleich unheimlichen und wunderschönen Anblick nie mehr vergessen!
Wenn sie es sehen wolle, müsse sie nur übermorgen, am besagten 20. September um 21 Uhr 21 (der Moment, in dem dem Knecht seinerzeit die Luft endgültig ausging) am Kreuz vorbeigehen. Sie könne sich ja eine Freundin oder auch mehrere mitnehmen, wenn sie Angst habe, dann würden diese auch den unvergesslichen Moment erleben.
Anton erledigte den Auftrag gegen eine Aufwandsentschädigung von vier Halben Bier, die wir über unser karges Taschengeld finanzierten, zur vollsten Zufriedenheit.
Dann war es so weit, die Nacht des blauen Lichtes und der leuchtenden Gunkeln war da.
Zu unserer großen Freude war es stark bewölkt und deshalb bereits stockfinster, als wir uns kurz vor neun mit unseren Gunkeln

auf die Lauer legten. Ich teilte ein, wer sich wohin zum Lauern zu legen hatte, da ich schon vom Namen her ein begnadeter Lauerer bin.
Um zehn nach neun entzündeten wir die Gunkelkopfkerzen, um den Lichtschein dann sofort mit einem schwarzen Tuch abzudecken.
Einige Minuten später hörten wir in der Ferne eifriges Geschnatter und Gekichere – die Mädchen, es waren ihrer mehrere, näherten sich dem Ort des baldigen Grauens!
Umso näher die Damen kamen, umso stiller wurden sie, sie hatten offenbar einen Heidenrespekt vor der Gesamtsituation.
„Glei is so weit!“, flüsterte ich, „aaf mei Kommando Tuch ab, Gunkel hoch und huhu!“
„Wos stinkt denn do aafamal aso nach Mist?“ flüsterte Rudi zurück.
„Genau!“, zischte Sepp, „do stinkt's wia d'Sau!“
Auch ich bemerkte einen penetranten Gestank, wie man ihn aus Kuhställen kennt, und irgendwie glaubte ich, einen warmen Atem im Nacken zu spüren.
Und dann ging alles sehr schnell:
Etwas Feuchtes wie ein großer nasser Waschlappen streifte über meinen Kopf, ein „muuuhhhuuuu“, das uns durch Mark und Bein ging, ertönte in der Dunkelheit und haarige, stinkende und mit Mist behangene Füße stampften über uns hinweg. Dann lief eine säuerliche lauwarme Flüssigkeit über mein Gesicht.
Wir ließen die flackernden Gunkeln liegen und liefen schreiend davon. Dasselbe taten die Mädchen, die inzwischen bei den Birken angekommen waren und wie wir keine Ahnung hatten, was gerade passierte.
Nach wenigen Minuten waren wir alle bei uns im Hof und rätselten, noch immer unter Schock, was das, was uns soeben so erschreckt hatte, gewesen sein könnte.
Der Geist des Buckligen? Eher nicht, denn keiner von uns hatte bisher gehört, dass Geister dermaßen nach Kuhmist stinken! Den haarigen Füßen nach musste es tatsächlich ein Rindvieh gewesen sein. Unter diesem Aspekt mochte ich mir gar nicht vorstellen,

was das für eine Flüssigkeit gewesen war, die über mein Gesicht geronnen war.
Um die Sache aufzuklären:
Am nächsten Tag stellte sich Folgendes heraus:
Einer der Wenigen, der schon 1970 seine Rinder freilaufend in einem eingezäunten Bereich der Wiese hielt, war der Hoglbauer. Seine Wiese grenzte direkt an den Ort unseres Gunkelattentats an. Einem unternehmungslustigen Bullen mit voller Blase, wir nannten Stiere übrigens nicht Bullen, sondern Bummel, war es im eingezäunten Areal offensichtlich zu fad gewesen und im Schutze der Dunkelheit war er ausgebrochen und in Richtung der der Birken getrottet.
Und dort merkte er, dass er nicht allein war, sondern, dass einige Angehörige der Gattung Mensch mit Gunkelköpfen im Gras lagen und flüsterten.
Er beschnupperte einen davon, nämlich mich, und strich ihm mit der feuchten Zunge über das Haar. Als ich erschrocken hochfuhr, erschrak er ebenfalls und urinierte spontan, was die warme säuerliche Flüssigkeit, die sich über mein Gesicht ergossen hatte, erklärt.
So endete also unser Mädchen-Erschrecken!
Der Kreimkreizer Anton hat mich übrigens später gefragt, ob das Erschrecken geklappt hat. Wahrheitsgemäß antwortete ich ihm: „Mehr als erwartet, war voll der Schock!“
Übrigens: Keines der beteiligten Mädchen hat aus dieser Aktion den Schluss gezogen, dass wir Supertypen sind!

# Es geht bergab

Was macht heutzutage ein 13-jähriger Mensch ohne Handy, ohne PC und ohne Tablet?
Genau, er dreht durch!
Die gefühlte tödliche Langeweile und der Mangel an Kontakt zur vermeintlichen Außenwelt, die in Wirklichkeit eine digitale ist, führen zu oft bleibenden Schäden im Gefühlsleben.
Wenn einem der/die Influencer/in nicht mehr sagt, was man anziehen, trinken, essen, hören und lesen soll, und wie man sich schminken muss, dann verliert das Leben seinen Sinn!
So bedauernswert ist die Jugend in unserer Zeit, wenn man ihr die genannten elektronischen und damit lebenswichtigen Artikel ohne Vorwarnung entzieht.
Weitaus schlimmer aber erging es einem 13-jährigen im Jahre 1972 (ich war mal so einer)!
Denn uns konnte man Handy, PC oder Tablet nicht einmal wegnehmen, weil es diese Dinge gar nicht gab! Welch ein erbärmlicher Zustand, welch eine verpfuschte Kindheit – die Hölle auf Erden quasi, möchte man meinen!
Andererseits: Haben wir bleibende psychische Schäden davongetragen? Hat uns der Mangel an digitalem Entertainment zu Idioten gemacht? Nein, zumindest ist nicht DIESER Mangel der Grund für das Idiotendasein einiger von uns!
Haben wir uns tödlich gelangweilt? Auch das nicht! Litten wir an Kontaktarmut und Vereinsamung, da wir uns in Facebook, Twitter und sonstigen dubiosen Parallelwelten nicht treffen konnten? Nö, litten wir nicht!
Denn wir nutzten Körperteile, die uns der Herrgott, Allah, Manitu oder wer auch immer geschenkt hat: Die Beine, um zu einem Kumpel zu gehen oder zu radeln, die Stimmbänder, um sich zu unterhalten, die Hände, um Baumburgen zu bauen oder Schafkopf, notfalls auch Mühle oder Dame zu spielen!
Und wir trafen uns im Freien oder im Kinderzimmer oder einfach in der „Stube“, wie seinerzeit der Allzweckraum in fast jedem Haus hieß, nicht im Chat.

Wenn du 1972 zu jemandem gesagt hättest, dass du im „Tschätt“ warst, hätte er erstens gesagt, dass das eine Lüge ist, da es von der Distanz her gar nicht geht und dass man zweitens dieses zentralafrikanische Land „Tschad“ ausspricht und nicht „Tschätt“!

Aber das nur als gesellschaftskritische Einleitung.
Worauf ich hinaus will, ist die Tatsache, dass wir im zarten und pickligen Alter von 13 oder 14 Jahren noch darauf angewiesen waren, selbst für Unterhaltung zu sorgen, da sie uns noch nicht mundgerecht serviert wurde.
Obwohl, so ganz richtig ist das nicht, denn gelegentlich sorgten schon auch andere für unser Entertainment, die Schule beispielsweise.
Ich meine jetzt nicht den Unterricht an sich, auch wenn dieser, wie in diesem Buch bereits mehrmals beschrieben, oft auch sehr unterhaltsam war. Nein, ich meine eine beliebte außerschulische sportliche Aktivität, nämlich die Schikurse, die für die 7. und 8. Klassen veranstaltet wurden und meines Wissens heute noch werden, sofern Schnee liegt! Damals gab es ihn noch reichlich, sogar den echten aus den Wolken!
Man wurde zu diesem Zweck jahrgangsweise per Bus zum Arber, nach Mitterfirmiansreuth im unteren Bayerischen Wald oder gar nach Österreich transportiert, um dort für eine ganze Woche in einer Jugendherberge zu wohnen und die Kunst des Schifahrens zu erlernen oder gegebenenfalls zu vertiefen.
Wie bitte? Unterbringung im Hotel? Nicht vorstell-, da nicht finanzierbar!
Groß war die Vorfreude bereits bei der Abfahrt vom Schulparkplatz:
Dem Anlass angemessen mit figurbetonenden Keilhosen (bei meiner Körperform eher nachteilig) und von der Mutter gestrickten Zipfelmützen auf dem Kopf wuchteten wir unsere Schier in den Unterbauch des Omnibusses. Die Schier waren übrigens ausnahmslos aus Holz und nicht aus Fiberglas oder sonstigen Legierungen wie heutzutage. Die Bindung musste man noch mit einem Metallhebel zumachen, meist unter großer Kraftanstren-

gung, gelegentlich auch unter Flüchen, weil sie zu streng eingestellt war. Die Stöcke waren meist noch aus Bambus, nur die Kinder der „Besseren" waren schon mit Metallstöcken ausgerüstet.
Keine Standesunterschiede gab es bei den Schischuhen: Alle waren aus Leder, alle waren schwarz und alle musste man mit ellenlangen schwarzweißen Schischuhschnürsenkeln zubinden. Und alle endeten knapp über den Knöcheln – kein Vergleich zu den heutigen knallbunten Hartschalengehhilfen, die man mittels zuschnappenden Metallklammern verschließt und die noch die Hälfte des Schien- und Wadenbeines nebst Designersocken in sich aufnehmen.
Die Sitzverteilung im Bus entsprach derjenigen im Klassenzimmer: Die braven Mädchen vorn, die ungehobelten Buben hinten! Ungehobelte Mädchen gab es nicht, brave Buben selten.
Auf der Fahrt vertrieb man sich die Zeit mit dem gemeinsamen Absingen von deutschem Liedgut wie beispielsweise der Ballade vom „wunderschönen Westerwald", wo der Wind so kalt weht. Und wo aus mir bis heute schleierhaften Gründen ein Eukalyptusbonbon haust.
Ein unsägliches Lied, das mir bis zum heutigen Tage nicht mehr aus dem Kopf geht, hieß „der oide Reisbrei". Der komplette Text bestand aus drei Sätzen, nämlich: „Mir hamm dahoam an oidn Reisbrei. D'Muada hod gsagt, den schüttma in Guss (=Ausguss) nei. Da Voda hod gsagt, den damma behalten, den Reisbrei, den alten!"
Ein Irrsinn! Ein unappetitlicher Text ohne jede Bedeutung und ohne humorvolle Bestandteile. Aber damals, im vollen Bus nach Mitterfirmiansreuth, haben wir uns schiefgelacht, zumindest der männliche Teil der Passagiere. Wir haben den Titel zum Leidwesen der Mädchen während der gut zweistündigen Fahrt gefühlt zehnmal von hinten nach vorne gebrüllt. Die flehentliche Bitte der Mitschülerinnen, doch endlich mit dem Schmarrn aufzuhören, motivierte uns, die Lautstärke der Reisbrei-Darbietung noch zu steigern. Als junger Mann benimmt man sich dem weiblichen Geschlecht gegenüber echt affig! Als älterer übrigens erst recht!

Kurze Pausen zum Luftholen nutzte der kettenrauchende Busfahrer (ja, damals war das normal!), um seine Lieblingskassette von den „Original Oberkrainern" einzuschieben und uns mit dem „Trompeten-Echo" oder Polkas wie „Auf der Idiotenwiese" zu erfreuen.

Die Zeit verging wie im Flug und am späten Vormittag erreichten wir das tief verschneite Mitterfirmiansreuth im Landkreis Freyung.

Nach dem Zimmerbezug – je vier Knaben bzw. vier Mädchen teilten sich einen Raum – gings zum mit Spannung erwarteten Mittagessen.

Die Tatsache, dass Spaghetti mit Tomatensoße und Hackfleischbällchen gereicht wurde, rief große Begeisterung hervor! Offensichtlich war in der Küche der Jugendherberge ein Sternekoch am Werk, wenn bereits zur Begrüßung ein dermaßen exquisites Menü serviert wurde. Ich möchte in diesem Zusammenhang darauf hinweisen, dass Spaghetti Anfang der 70er Jahre in den Speiseplänen unserer Mütter unbekannt waren! Hier waren Mehlspeisen eindeutig führend und oft nur einmal in der Woche gab es Fleisch! Ein Trend, der im allgemeinen Retro-, Veggie- und Veganwahn auch heute wieder auf dem Vormarsch ist!

Wir genossen die soßengetränkte Kreation des genialen Küchenmeisters und dann ging's ab auf die nahegelegene Schipiste.

Neben unserem mitgefahrenen Sportlehrer stießen noch drei einheimische Hilfspädagogen zu uns, junge Mitglieder des regionalen Schiclubs, die sich ein paar Mark verdienen wollten.

Zu meinem Leidwesen, eigentlich zum Leidwesen aller männlichen Mitschüler, sahen diese, wie Schilehrer allgemein, gut aus und wurden vom weiblichen Teil des Kurses sofort angeschmachtet. Bedauerlicherweise auch von derjenigen aus der Parallelklasse, in die ich zwar unheimlich, aber heimlich verliebt war.

„Verdammt!", dachte ich, „immer wenn man sich näher kommen könnte, kimmt ein Depp daher, der gut ausschaut!" In diesem Fall sogar drei!

In der Pausenhalle in der Schule war mir wenige Tage zuvor auch ein Depp in die Parade gefahren. Meine Angebetete hatte nämlich am Schulkiosk gemerkt, dass sie ihren Geldbeutel vergessen hatte und traurig zum Kioskbesitzer gesagt, dass sie heute auf ihr geliebtes Nusseck verzichten müsse. Ich stand hinter ihr und sah sofort meine Chance gekommen: Auch wenn mich, wie immer, der Hunger plagte, würde ich mir keine Fleischsalatsemmel kaufen, sondern ihr mein Fuchzgerl leihen und auf diese Weise groß herauskommen! Wie ich noch nach den richtigen Worten für mein großzügiges und charmantes Angebot suchte, sagte der Depp hinter mir: „Eine schöne Frau hungern? Niemals! I lad di ei aaf a Nusseck! I bin übrigens da Oliver aus der 9a! Errötend nahm meine Traumfrau die Einladung an und ich musste meinen Frust mit einer Fleischsalatsemmel kompensieren!

Nun war zwar dieser Depp in Mitterfirmiansreuth nicht anwesend, dafür aber drei andere! Vielen Dank für nichts, blödes Schicksal!

Zurück zum sportlichen Aspekt: Bevor überhaupt Schi gefahren wurde, bildete man drei Gruppen: Anfänger, Fortgeschrittene und Könner. Später stellte sich heraus, dass noch eine vierte Gruppe notwendig war und zwar die Gruppe Hermann, die, wie der Name schon sagt, nur aus Hermann bestand.

Hermann (ich erinnere daran: Name selbstverständlich geändert) war noch deutlich unter dem Niveau der blutigsten Anfänger. Dies wurde dadurch ersichtlich, dass er innerhalb weniger Sekunden umfiel wie ein Sack, wenn sich seine Schier in Bewegung setzten, auch im ebenen Gelände, sogar aufwärts!

Ich habe eine derartige Feindschaft zwischen Mensch und Sportgerät bis zum heutigen Tage nie mehr erlebt.

Am zweiten Tag des Kurses gab man Hermann auf. Nicht als Mensch, aber als Schifahrer. Er durfte mit Erlaubnis des Sportlehrers in der Herberge bleiben und lesen oder in der Küche mithelfen, was ihn sehr freute.

Zurück zur Gruppeneinteilung:

Ich muss zugeben, dass ich schifahrerisch ein Anfänger war und zwar einer der unteren Kategorie, der schlechteren also. Außer dem ungelenken Herumrutschen auf den leicht geneigten Wie-

sen um mein Elternhaus herum hatte ich mit den Brettern, die den Erfolg bei Frauen bedeuten, noch nichts zerrissen.
Nun war es aber dummerweise so, dass die von mir Verehrte sich sofort in die Fortgeschrittenengruppe einteilen ließ. „Kreizbirnbaamhallelujazefix!“, dachte ich, „akkrat bei de Fortgeschrittenen!“
Nun galt es, abzuwägen: Die Schöne dem braungebrannten Waldler überlassen und mich ehrlicherweise bei den Anfängern (mit Tendenz zur Gruppe Hermann) zu melden oder der Liebsten nahe zu sein und mich bei den Fortgeschrittenen eingliedern zu lassen, damit aber mein Leben oder zumindest meine heilen Knochen zu riskieren.
Ich entschied mich für die Liebe und damit für eine etwaige Invalidität!
Angenehm war das schon, in der Gruppe neben ihr zu stehen! Mit ihrer schwarzen Keilhose und ihrem orangen Anorak, unter dem sich die zarten Attribute einer baldigen Frau abzeichneten, war sie schon ein absoluter Blickfang! Ich war selig – noch!
Dann hieß es seitens des waldlerischen Schönlings: „So Leit, packma's! Etza fahrma mit'm Lift nauf und dann fahrt jeder von eich die Steilabfahrt nunter und i schau vo oben zua, dass i seh, wia weit dass ihr scho seids! I bin da Kilian!“
Oweh, oweh, oweh! Steilabfahrt! Und auch noch nunta! Hätte nicht eine ganz normale Abfahrt gereicht? Musste es partout die steile sein? Ich befürchtete Schlimmes! Doch es kam nicht schlimm, es kam viel schlimmer!
Bei der Fahrt hinauf im Schlepplift gingen mir tausend Gedanken durch den Kopf und ein ständiges Zittern durch die Keilhose. Dass meine heimliche Liebschaft mit der Sportskanone Kilian hinauffuhr, war eine zusätzliche Gemeinheit des Schicksals.
Meine Liftpartnerin war die pummelige Moni, die mir Folgendes ins Gesicht sagte: „Du, bist du echt a Fortgeschrittener?“
„No freilich!“, log ich.
„Weil du bewegst di eher wia a totaler Anfänger, i hob di beobachtet!“ meinte Moni, das Rindvieh.

Na bravo! Jetzt werde ich schon von übergewichtigen Mitschülerinnen verhöhnt! Mir bleibt nichts erspart! Als wir oben angekommen waren und ich die Abfahrt sah, war mir ein bisschen wohler. Es ging zwar logischerweise bergab, aber relativ human. Das könnte ich mit viel Glück ohne größeres Unheil schaffen. Blöd war nur, dass ich notgedrungen Schuss fahren musste, weil mir das Wedeln niemand beigebracht hatte. Schuss fahren war auf den heimischen Wiesen kein Problem, da dort kein Hang länger war als hundert Meter war, eher kürzer. In derlei Gedanken vertieft betrachtete ich die Menschen, die geschmeidig die humane Abfahrt hinunterwedeln, auch kleine Kinder waren beschämenderweise dabei.
Frauenheld Kilian unterbrach meine meditativen Minuten.
„Etza kimm! D'Familienabfahrt is wos für Anfänger! Mir fahrma nüber zur Steilabfahrt! San bloß a paar Meter! Auf geht's, kimm!"
Waaaas???? Mir gefror das ohnehin schon kalte Blut in den Adern. Voller böser Vorahnungen folgte ich der Gruppe der Fortgeschrittenen, der ich durch eigenes Verschulden und wegen des hormonellen Ausnahmezustandes angehörte, zum Startbereich des Steilhanges.
Ich kann und will nicht näher beschreiben, was ich dort sah, denn es verursacht noch heute ein panisches Gefühl und einen rätselhaften Hautausschlag bei mir, nur so viel:
Der direkte Weg in die Hölle kann auch nicht schlimmer sein als der apokalyptische Abhang, der vor mir lag. Es erinnerte mich von der Steilheit her an die Anlaufspur einer Schisprungschanze. Wie durch einen Schleier hörte ich die Frage, die Kilian stellte:
„Und Leit? Wer macht den Ersten?"
Wie immer in schulischen Dingen meldete sich kein Schwein, auch kein Schüler oder eine Schülerin.
„Okay", meinte Kilian, „dann fahrma alphabetisch!"
Nun heiße ich zwar Lauerer, was vom Alphabet her in etwa mittig ist, aber Kilian, der Depp, bezog sich auf die Vornamen, denn Schicracks reden sich ausschließlich mit Vornamen an.
Und was diesen betrifft, steht in meinem Ausweis nicht Toni, sondern Anton! Vor mir hätte nur der Bertl, der offiziell Albert

heißt, gelegen. Aber der befand sich in der Anfängergruppe, weil er nicht wie ich gelogen hatte. „Ehrlich währt am längsten“ kann ich da nur sagen! Und Lügen haben kurze Beine, in meinem Fall auch noch zittrige und in Bälde vielleicht gebrochene!
Vorlaute und naseweise Streber hatten mich bereits als Anton geoutet und Kilian fackelte nicht lange: Der Schubs, den er mir gab, war plötzlich und unerwartet und ab ging's ins Verderben!
Es ist die nackte Wahrheit: Ich kann mich aufgrund eines psychischen Schockzustandes an kein Detail der Fahrt erinnern! Erst als ich mit Schnee in den Nasenlöchern, in den Ohren und in der Keilhose im Tiefschnee neben der Piste lag, flankiert von einer hohen Fichte, setzte mein Bewusstsein wieder ein. Sofort bemerkte ich, dass etwas gebrochen war! Was heißt gebrochen – zersplittert! Und zwar mein rechter Schi.
An mir selbst war alles schmerzhaft, aber heil, zumindest körperlich. Was vollkommen zerstört war, was mein sportliches Selbstbewusstsein! Es ist übrigens bis zum heutigen Tage nicht zurückgekehrt und liegt vermutlich immer noch am Waldrand in Mitterfirmiansreuth!
Ich nahm dann wahr, dass Kilian mit flottem Bremsschwung neben mir auftauchte und sprach: „Mei liawa, mit fortgeschritten hat des nix zum dua, Anton! Und ohne Schi wird's aa bei de Anfänger schwierig für di!“
Mit ihm war auch meine Herzensdame in beeindruckender Manier den Steilhang hinuntergewedelt und betrachtete nun mitleidig, aber erkennbar grinsend meine zerbrochenen Schi und meine jämmerliche Erscheinung.
„Dann halt nicht, blöde Kuh!“, dachte ich bei mir und beendete in Gedanken die intime Beziehung, die es nie gegeben hatte.
Den Rest des Schikurses durfte ich lesen und mit Hermann in der Küche mithelfen.
Kochen ist seitdem mein Hobby, Steilhänge nicht!

# Die schwarze Häx

Umso älter man wird, auf umso mehr Erlebtes kann man logischerweise zurückblicken – und auf umso weniger muss man warten oder hoffen!
An manche Dinge, die man hinter sich hat, erinnert man sich mit einem zufriedenen Lächeln oder gar mit einem Lachen, manchmal sogar mit einem gewissen Stolz, andere bedauert man eher. Und wieder andere sind einem noch nach Jahrzehnten so peinlich, dass man sie ungeschehen machen möchte, was aber natürlich nicht mehr geht.
Ich zum Beispiel würde gerne die grün-grau gemusterte Strumpfhose unter der kurzen roten Turnhose nicht getragen haben, die mir meine Mutter in der 2. Klasse verpasste, da es draußen kalt war und sie eine Blasenentzündung mit späteren körperlichen Beeinträchtigungen wie Inkontinenz oder Kinderlosigkeit meinerseits befürchtete. Ich musste nämlich zu Fuß die gut zwei Kilometer zur Schule gehen und man hat die Turnhose aus Zeit- und Bekleidungsersparnisgründen schon zu Hause als Unterhosenersatz angezogen.
Gottlob existierten nie Fotos von diesem unsäglichen Outfit, dessen Anblick durch meinen lebenslangen treuen Begleiter namens Übergewicht noch verschlimmert wurde.
In diesem Zusammenhang darf ich, nicht ohne Stolz, darauf hinweisen, dass ich der einzige in der Klasse war, der bei der Kommunion schon die Ein-Zentner-Marke geknackt hatte! Das war ausschließlich mein Verdienst, da ich immer brav aufgegessen habe! Das tut aber jetzt nichts zur Sache!
In dieser Geschichte geht es um einen Menschen aus meiner Kindheit, bei dem ich mich noch heute gerne für mein damaliges Verhalten entschuldigen würde – nicht nur für meines, auch für das meiner infantilen Freunde.
Der Mensch, den ich meine, ist die alte Wurzin. Wie sie in Wirklichkeit hieß, wussten wir nicht, denn alle nannten sie Wurzin, weil sie Wurzeln sammelte und trocknete und daraus allerlei Tee und sonstiges Gebräu fabrizierte.

Ihr kleines, ärmliches und sehr baufälliges Häuslein stand am Waldrand, etwas abseits vom Dorf. Daneben war ein kleiner Garten mit einem verwitterten Holzzaun und viel gesundem Gemüse. Ich erinnere mich an riesige Rhabarberpflanzen und Bohnenstangen. Ich hatte ein Märchenbuch der Gebrüder Grimm mit bunten Bildern – das darin abgebildete Haus der Großmutter von Rotkäppchen hat genau so ausgesehen.
Soweit, so gut.
Aber der Kreimkreizer Anton, den ich schon in einer früheren Geschichte erwähnt habe und der das Bier mehr liebte als alles andere, hatte uns einmal erzählt, dass die Wurzin eine Hexe sei – er sprach das Wort Hexe so aus, als sei sie mit einem Maishäcksler verwandt, nämlich „Häx“ – und dass wir Obacht geben sollten, weil sie in früheren Zeiten allzu kecke Kinder in ihr Häuslein verschleppt habe. Diese seien nie mehr aufgetaucht. Doch immer, wenn ein Kind verschwunden war, habe der Kamin geraucht! Hänsel und Gretel lassen grüßen!
Wann das war, wollten wir wissen, und er erzählte uns mit diabolischem Blick folgende unglaubliche Geschichte; ich zitiere der besseren Anschaulichkeit wegen in Antons urzeitlichem Dialekt:
„Lang scho is her, lang scho. An etla Johr, hundert umanand schätz i! So lang scho, gscheit lang! Wal d Wurzen is o scho guad hundertfuchzg Johr olt! Wal sie is a Häx und de stirbt so schnöll ned, wals da Deifl ned mog, den Krouh, den greislichen! Und walsase a Trankerl zammbraut vo de Wirz, wouma öldda wird wej a oichana Baam, wennmas safft, des Trankerl! Gebts bloß Obacht, es Gfrieser, wal Häx bleibt Häx! De frisst eich radebutz!“
Ich darf der Verständlichkeit halber sinngemäß übersetzen:
„Das mit den verschwundenen Kindern ist schon schätzungsweise hundert Jahre her! Denn das Alter der Wurzin liegt locker bei hundertfünfzig Jahren, was bei Hexen gang und gäbe ist, da sie älter werden als eine Eiche! Sie stirbt aus zwei Gründen nicht: Erstens mag der Teufel diese hässliche Krähe nicht und zweitens braut sie aus den Wurzeln ein Getränk, das ihr zu einem sehr langen Leben verhilft! Seid vorsichtig, liebe Kinder, mit einer Hexe ist nicht zu spaßen!“

Natürlich hat uns diese schaurige Geschichte tief beeindruckt und in unserer kindlichen Fantasie malten wir uns aus, wie die Wurzin in einem riesigen Kupferkessel den Zaubertrank braute, einen Sud aus selbst gesammelten Wurzeln, aber auch mit Spinnenbeinen, Krötenaugen und Eidechsenschwänzen – wie es sich halt für eine Hexe gehört. Dabei hatte sie bestimmt einen riesigen Holzlöffel zum umrühren in der Hand, einen spitzen schwarzen Hut auf dem Kopf sowie auf einer Schulter eine bucklige schwarze Katze und auf der anderen eine ihr ähnlich sehende Krähe.

Sie machte es uns aber auch wirklich leicht, in ihr etwas Unheimliches zu sehen:

Immer war sie komplett schwarz gekleidet – sie trug Sommer wie Winter einen langen, schwarzen Rock, „Kittel" sagten wir damals zu diesem Kleidungsstück, eine schwarze Bluse, darüber auch bei größter Hitze eine dicke, schwarze Strickweste und ein schwarzes Kopftuch, das so geräumig war, dass es fast ihr ganzes faltiges und leicht bärtiges Gesicht verdeckte. Vervollkommnet wurde das düstere Ensemble durch schwarze Wollstrümpfe, möglicherweise war es auch eine Strumpfhose. Diese steckten in schwarzen Schnürschuhen, die man in jedem Film aus der Kaiserzeit als Requisite verwenden hätte können.

Ihr schneller, stets nach vorne gebückter Gang und ihre dadurch geringe Körpergröße taten ein Übriges.

Wie ein dunkler Schatten huschte sie durch das Dorf, wenn sie vom Einkaufen heimging ins Häuslein am Waldrand.

Wenn wir Kinder draußen spielten und von Weitem die schwarze Gestalt erblickten, sausten wir sofort ins Haus oder zumindest weg von der Straße in den Hof, damit uns die Häx nicht ergreifen und in ihr Häuslein verschleppen konnte, um uns dann dort zu braten, zu grillen oder schlimmstenfalls sogar in Ameisen oder Heuhüpfer zu verwandeln.

Eines warmen Sommertages fingen wir in einem Tümpel, der sich im Straßengraben gebildet hatte, Kaulquappen. Ohne tieferen Sinn, denn nachdem wir sie gefangen hatten, betrachteten wir sie kurz und warfen sie dann zurück ins Wasser. Wir waren dermaßen fasziniert von den fetten schwarzen Kugeln, die sich mittels ihres Schwanzes fortbewegten, dass wir das andere Schwarze, das sich uns näherte, nicht bemerkten. Auf einmal stand die Häx vor uns.

Uns gefror förmlich das Blut in den Adern. Sie zog eine Tafel Schokolade aus ihrer (natürlich schwarzen) Einkaufstasche und fragte Kare, der damals ein hagerer Knabe von ca. 30 Kilo war (heute beträgt sein Körpergewicht ein Vielfaches): „Magst an Schoggalad, Bou?"

Wir alle schrieen aus Leibeskräften und liefen davon. Die Wurzin schüttelte erstaunt den schwarzen Kopf und ging wieder ihrer Wege.

In unserer Panik waren wir in den Hühnerstall gerannt und dort besprachen wir nun, immer noch außer Atem, das soeben Erlebte. Wir waren uns einig, dass die Häx dem dürren Kare gezielt die Süßigkeit angeboten hatte, um ihn zu mästen und später zu braten.

Bei mir hätte der Schoggalad nichts bzw. keinen zusätzlichen Nutzen gebracht, denn ich war eh schon ein relativ wampertes Kind und deshalb für Hexen aller Art so gut wie bratfertig.

Ab diesem Tag passten wir beim Spielen auf wie die Haftlmacher, damit wir nicht noch einmal so unvorbereitet erschreckt werden, dass uns beinahe der Schlag trifft.

Oft sind wir weggelaufen, als wir sie mit ihrer schwarzen Tasche die schmale Betonstraße heraufkommen sahen und mit der Zeit ächzte sie immer mehr unter der Last der Einkäufe und des Alters. Bestimmt hat sie es registriert, dass wir vor ihr geflüchtet sind und bestimmt hat es sie geschmerzt.

So vergingen die Kinderjahre, ohne dass wir jemals ein Wort mit der Wurzin gewechselt, geschweige denn ihr Grundstück oder gar ihr altes Häuschen betreten haben.

Später, als Jugendliche, glaubten wir natürlich nicht mehr an Hexerei und Zaubertrank mit Krötenaugen und ähnlichen Beilagen, aber trotzdem war da ein immer ein komisches und mulmiges Gefühl, wenn wir sie sahen.

Als wir dann aus beruflichen Gründen oder des Studiums wegen unsere Zelte daheim abbrechen mussten, verloren wir sie ganz aus den Augen und auch aus dem Sinn.
Jahre später habe ich erfahren, dass sie gestorben ist, die Wurzin. Ganz unspektakulär und ganz leise und ganz allein hat sie diese Welt verlassen.
Und noch etwas habe ich erfahren und das hat mich einigermaßen beschämt:
Die Wurzin war Ehefrau und Mutter, vor langer Zeit. Im Jahre 1913 hat sie ihren Josef geheiratet und 1914 ist ihr Sohn geboren. 1915 fiel ihr Mann im ersten Weltkrieg, ohne dass er vorher seinen kleinen Buben gesehen hatte.
Und im Jahre 1941 fiel der einzige Sohn im zweiten Weltkrieg. Der Schmerz muss unvorstellbar gewesen sein.
Kein Wunder, dass sie ein wenig „seltsam“ wurde und dass sie nur mehr in Schwarz durch das Leben ging.
Bestimmt hätte sie sich gefreut, wenn wir Kinder den „Schoggalad“ genommen hätten, den sie uns so freundlich angeboten hatte. Und noch mehr hätte sie sich gefreut, wenn wir mit ihr geredet hätten oder wenn wir sie sogar in ihrem Häuschen am Waldrand besucht hätten.
Aber wir sind davongelaufen, leider!
Nix für ungut, liebe Wurzin!
Ich hoffe, du bist glücklich bei deinem Mann und deinem Sohn im Himmel!

# So a Kaas

Vom Bertl, der uns Mitschüler mit seinen Malkasteneskapaden wochenlang bestens unterhalten hatte, habe ich ja schon berichtet.

Natürlich war die Sache mit der roten Farbe nicht die einzige schräge Idee, die seinem kreativen Geist entsprang.

Abgesehen von allerlei suspekten Geräuschen, die er mit dem Mund oder auch mit der Hand in der Achselhöhle erzeugen konnte und von denen man vermuten hätte können, sie seien einer anderen Körperöffnung im rückwärtigen Bereich entsprungen, erinnere ich mich an eine relativ unappetitliche Episode.

Es dürfte in der achten oder neunten Klasse gewesen sein, als Bertl der Meinung war, der schale Geruch nach dem Holz der Bänke, dem Putzmittel des Bodens und den Körperausdünstungen der Schüler, der im Klassenzimmer herrschte, sei verbesserungswürdig.

Nun würde jeder normale Mensch denken, eine Verbesserung ließe sich durch wohlriechende Substanzen wie Parfüm, Deodorant oder Raumspray mit Fichtennadel-, wahlweise auch Lavendelduft, erreichen.

Doch Bertl war vieles, aber nicht normal! Ihm stand der Sinn nicht nach mildem Wohlgeruch, sondern nach strengem Übelgeruch. Denn was sollte daran schon lustig sein, wenn es im Klassenzimmer gut roch? Lustig wäre es vielmehr, wenn es unangenehm roch, stinken sollte es! Gewaltig stinken! Und rätselhaft stinken!

Was also war zu tun? Wie erzeugt man einen rätselhaften Gestank? Einen, der den ganzen Raum erfüllt? Ideen wie Blähungen verwarf er sofort, denn diese waren ja, je nach Qualität, auf wenige Banknachbarn des Geblähten beschränkt und die Klasse in ihrer Gesamtheit hätte nichts davon, außer vielleicht die angewiderten Gesichter der unmittelbar Betroffenen.

Eine handelsübliche Stinkbombe schied als Quelle des Gestankes auch aus, da der Gestank zu penetrant wäre und zu einer eventuellen Evakuierung der Klasse führen würde. Außerdem handelt es sich bei einer Stinkbombe um ein chemisches Produkt, ein fertiges, das man kaufen konnte. Bertl wollte den Gestank auf natürliche Weise erzeugen, nachhaltig würde man heute sagen – und klimaneutral!

Diese Gedanken gingen ihm durch den Kopf. Übrigens nur ihm, da er uns erst einweihte, nachdem das Stinkerlebnis vorbei war.

Die zündende Idee lieferte ihm sein Vater bzw. dessen relativ seltsame Essgewohnheiten. Papa Bertl nahm nämlich bevorzugt Speisen zu sich, die entweder im Körper üble Gase erzeugen oder die von sich aus einen unangenehmen Geruch verströmen oder beides. Sauren Pressack beispielsweise mit reichlich Zwiebeln. Oder Sauerkraut roh, gerne auch knoblauchlastige mediterrane Gerichte oder gekochte Eier in einem Essig-Öl-Zwiebel-Sud. Sehr gut wäre auch Döner mit scharf und allem gewesen, diesen gab es aber damals noch nicht in Ostbayern.

Doch das alles war Bertl zu wenig subtil, zu offensichtlich. Denn wenn im Klassenzimmer ein Teller mit saurem Pressack oder knoblauchtriefenden Tortellini versteckt werden würde, wo war da der Gag? Nein, es MUSSTE etwas Besseres geben! Und es gab etwas Besseres!

Ein glücklicher Zufall war's, als Bertl eines schönen Samstagvormittages zufällig daheim war, weil draußen ein garstiger Wind eiskalten Schneeregen übers Land peitschte.

Gegen zehn Uhr gönnte sich sein Vater wie jeden Samstag vormittag eine nahrhafte Brotzeit in Form eines quaderförmigen Käses, der laut Verpackung „Limburger“ hieß und zur Familie der Stinker gehörte, auf hochdeutsch „Backsteinkäse“.

Als Bertl senior den Käse aus seiner Umwicklung befreit hatte, entfaltete sich binnen Sekunden ein erbärmlicher Gestank (laut Papa allerdings „a Gschmo wia im Paradies“) in der Stube.

Seine Gattin, also Bertls Mama, die gerade den Raum mit einem Korb frischgewaschener Wäsche betreten wollte, prallte entsetzt zurück und suchte das Weite. „Um Himmels Willen, isst er wieder sein Limburger!“, waren ihre letzten Worte.

Auch Bertl, der in einem Buch las, weil es ja Handys noch nicht gab, war schwer beeindruckt! „Ja kruzenäsn Papa!“, lobte er den Vater, „der stinkt wia d'Sau! Alle Ehre, Hut ab!“
„Gell!“, meinte der Gelobte stolz, „des is ganz ebbs Feins! Am allerbesten stinkt de Schmier, de wo außen dran is, so bräunlich-orange! Und obstas glaubst oder ned: Do gibt's fei Deppen, da kratzen de Schmier owa und werfens weg! A Sünd' is des, a Doutsünd'! Weil de Schmier, de is des stinkerte Tüpferl auf's i!“
Mit diesen weisen Worten schob er sich ein großes Stück mit Schmiere bedeckten Käse in den Mund, biss von der geschälten Zwiebel ab wie von einem Apfel und freute sich des Lebens. Damit entstehende Gase auch die nötige Energie bekamen, um den Weg ins Freie zu finden, trank er dazu ein Weißbier.
Käseschmiere! Limburger Käseschmiere frisch vom Stinkquader! Natürlich! Das war die Lösung! Bertl fiel es wie Schuppen von den Augen! Sein Problem war gelöst, dem Herrn (Vater) sei Dank!
Man müsste nur die Käseschmiere auf die nicht sichtbare Rückseite der Heizkörper im Klassenzimmer streichen, den Rest würde die Wärme erledigen.
Gedacht, getan! Bertl bat seinen Vater, beim nächsten Einkauf auch für ihn einen Stinker aus Limburg mitzubringen und der Papa freute sich, weil der Sohnemann schon in jungen Jahren ein Gourmet zu sein schien.
Nach Erhalt der Ware ging der Geruchsattentäter professionell vor: Eines Freitags in der ersten Pause verzichtete er darauf, in der Pausenhalle fleischsalatsemmelmampfend Mädchen zu tratzen, sondern blieb insgeheim im Klassenzimmer. Als er sich überzeugt hatte, dass er allein war, verteilte er die übelriechende Masse gleichmäßig auf der Rückseite der gußeisernen lauwarmen Heizkörper. Diese waren günstigerweise auch noch käsefarben gestrichen.
Nach der Tat verließ er den Raum, ging zum Bieseln ins „WC für Knaben“ und mischte sich dann unauffällig unter die Herde der Pausenrückkehrer.
Beim Betreten des Klassenzimmers war zunächst nur ein Hauch des schmierigen Anschlages zu riechen. Mitschüler mit besonders

feinem Geruchssinn, die nicht aus der Landwirtschaft stammten, rümpften zwar schon die Nase, denn sie meinten, einen Geruch wahrzunehmen, der nicht der Norm entsprach. Aber noch zweifelten sie, ob es tatsächlich so war oder ob sie sich täuschten. Der Rest der Horde nahm ahnungslos (mit Ausnahme des Attentäters Bertl) Platz.

Dann wurde es still, denn die Geschichtslehrerin betrat den Raum, wie immer perfekt geschminkt, frisiert und bekleidet.

„Schönen guten Morgen die Herrschaften!", grüßte sie wie immer und auch wie immer fragte sie den Johannes in der ersten Bank: „Wo waren wir das letzte Mal stehengeblieben?"

„Bei Pippin dem Älteren!", antwortete Johannes dienstbeflissen. Er war ein bisschen verliebt in den attraktiven Lehrkörper bzw. Lehrerinkörper, obwohl dieser mit 34 Jahren schon uralt war – im Vergleich zu uns wohlgemerkt!

„Danke Johannes!", lächelte sie ihn an und der pubertierende Verehrer war selig.

Dann stockte die Lehrerin kurz. Sie hob den Kopf und schnüffelte. Dann schüttelte sie mit fragendem Blick leicht den Kopf und sagte: „Okay, machen wir weiter! Aber eine Frage hätte ich vorher – riecht ihr auch was?"

Ausgerechnet der Attentäter selbst meldete sich! „Ja, Fräulein Bohmann, irgendwie schmeckts da! Und nicht direkt gut, täte ich sagen, so in Richtung kaasln!"

„Wie bitte, Albert?"

„Käseln tut es ein wenig!"

„Gell! Nach Käsefüßen! Ich rieche das auch! Leidet jemand von euch unter Schweißfüßen?"

Natürlich meldete sich niemand, wer würde schon ein dermaßen peinliches Gebrechen an die große Glocke hängen!

Einige Schüler hoben verstohlen die Arme und rochen dann unter den Achseln, aber keine Achsel käselte. Einige schweißelten, aber der inzwischen echt üble Geruch im Raum war ein anderer.

„Ja gut, hilft ja nichts, machen wir weiter!"

Fräulein Bohmann referierte über geschichtliche Hintergründe des frühen Mittelalters, aber wir konnten uns nicht richtig konzentrieren und rätselten, warum es dermaßen stank. Einige, die bekanntermaßen ihre Socken die ganze Woche nicht wechselten, vermutlich auch die Unterwäsche, gerieten in Verdacht, da ja Freitag war.

Den wahren Ursprung der ekelhaften Luft, die sich nun auch im letzten Eck des Klassenzimmers festgesetzt hatte, ahnte kein Mensch, nur einer.

Wie immer, wenn etwas Unangenehmes passiert, nahmen die Verdächtigungen zu. So mancher blickte seinen Banknachbarn misstrauisch an, worauf dieser giftig zurückblickte und zischte: „Spinnst du? I bin's ned! Am End bistas du, weilst so bläd schaust!"

Es herrschte eine Stimmung der Aggression und auch der Denunzierung. Johannes, der Übereifrige von der ersten Bank, meldete sich und äußerste folgenden Verdacht: „Fräulein Bohmann, das kimmt mehr von der linken Seite!"

Damit hatte er sogar recht, denn die Heizkörper waren von ihm aus gesehen an der linken Wand montiert.

Fräulein Bohmann stellte nicht dem Heizkörper, sondern der ganzen linken Bankreihe die Frage: „Leute, jetzt mal Hand auf's Herz, hat einer von euch Schweißfüße? Das ist ja keine Schande und da kann man was machen dagegen!"

Mit einer Mischung aus Unsicherheit und Empörung schüttelten alle den Kopf.

„Wieso wir?", fragte Rudi, einer der Linksaußen, „es kann durchaus auch sein, dass ein Rechter stinkt oder ein Mittlerer!"

Frau Bohmann ging ganz nach rechts, bis zur Eingangstüre, atmete tief ein und meinte dann: „Hier stinkt es eindeutig weniger, es MUSS von links kommen!" Sie ging die linke Reihe langsam Bank für Bank durch und roch an jedem Schüler.

„Es stinkt relativ gleichmäßig", lautete ihre Analyse, „es ist kein Einzelner, der das verursacht. Seltsam, seltsam!" Sie grübelte. Alle grübelten, alle außer einem!

Doch wie es immer ist im Leben: Jeder Übeltäter wird irgendwann entlarvt!

Der Ursprung der Entlarvung des Bertl war sein Banknachbar Horst, der plötzlich kreidebleich wurde, weil es bei ihm auf einmal extrem stank. Der Grund war Bertls Schultasche. Bertl hatte sie kurz aufgemacht, um sein Geschichtsheft herauszuholen und ein Schwall Limburger Aroma, das sich in der Tasche aufgestaut hatte, schoß dem armen Horst in die sensible Nase. Ihm entfuhr die vor lauter Schreck laute Frage: „Ja fix, wos stinkt denn aso aus deiner Schultaschn außa? Host do an doutn Ratzn drin oder wos? Pfui Deifl!"
Bertl konnte gerade noch „pssst, holt dei Maul!" sagen, da stand auch schon Fräulein Bohmann neben ihm.
„Albert, öffne bitte sofort deine Schultasche!" Es klang beinahe militärisch.
Bertl tat wie befohlen, aber sehr langsam.
„Auspacken! Sofort! Alles!"
Mit Bedacht fingerte Bertl ein Heft heraus, dann ein Buch.
„Zügiger, wenn ich bitten darf!"
Es folgten drei weitere Bücher, ein Lineal, dann noch drei Schulhefte, ein Fix-und-Foxi-Heft, ein Bounty, dann zuckte Bertl mit den Achseln, um anzudeuten, dass er nichts mehr liefern konnte.
„Ist das alles?"
„Äh, praktisch schon!"
„Wie? Praktisch schon? Und theoretisch?"
„Mein Pausenbrot ist noch darinnen. Also nicht direkt ein Brot, eher eine Brotzeit."
„Raus damit!"
Zögernd holte er den Stinker aus der Tasche und legte ihn auf die Schulbank, begleitet von den angewiderten Blicken der gesamten Klasse. Große Spannung lag in der Luft – und großer Gestank.
„Ja pfui Teufel! Sowas isst du zur Pause?"
„Schon. Mein Vater isst es auch zur Brotzeit! Mit Zwiebeln!"
„Das mag sein. Aber um deinen Vater sitzen nicht 29 Mitschüler, die diesen Gestank ertragen müssen! Bring das sofort raus in die Toilette!"

„Das" war der Käse, obwohl dieser korrekterweise eigentlich mit einem männlichen Artikel zu versehen ist. Aber Fräulein Bohmann war ja Geschichts- und nicht Deutschlehrerin.
„Aber dann stinkt es ja auf dem Klo!", warnte Bertl.
„Egal, da stinkt es öfter! Raus jetzt!"
Bertl trug das Corpus Delicti ins Knaben-WC und kam dann wieder in das nach wie vor stinkende Klassenzimmer.
„Hier stinkt es immer noch!", meldete sich der eifrige Johannes aus Bank 1, „riechen Sie es, Fräulein Bohmann?"
„Ja, ich rieche es auch. Albert, hast du noch was dabei?"
„Nein, das war der einzige, ich schwöre es!" Er hob die rechte Hand zum Schwur.
Schon schien es, als würde er mit einem blauen Auge davonkommen, da schlug das Schicksal zu! Und zwar in Form von Alfons, der ganz links außen, direkt neben dem Heizkörper saß.
„Frau Bohmann, des kimmt von der Heizung! Der Heizkörper stinkt zum Himmel, zum Kotzen direkt!"
„Alfons, drücke dich bitte nicht so ungehobelt aus!"
„Es stinkt zum Erbrechen vom Körper der Heizung her!"
Frau Bohmanns Blickt schweifte drohend zurück zu Bertl. „Albert – hast du uns etwas zu sagen?"
Leugnen half nichts mehr, der Streich war zu Ende, das musste er einsehen. Er machte reinen Tisch, berichtete von seiner Idee, vom Limburger des Vaters und von der Realisierung in der ersten Pause. „I mach sofort den Heizkörper sauber!", versprach er schuldbewusst und wollte schon aufstehen und zur Generalreinigung starten.
Doch er hatte nicht mit der Raffinesse der Lehrerin gerechnet, die ja vor langer Zeit auch einmal Schülerin gewesen war.
„Nein Albert, setz dich bitte wieder! Lass es dran! Mich stört es nicht mehr, meine Stunde ist gleich zuende. Ihr müsst noch bis 13 Uhr in diesem Gestank sitzen, herzlichen Glückwunsch und viel Spaß! Dem Kollegen, der nächste Stunde hält, gebe ich Bescheid. Deine Mitschüler werden sich bestimmt bei dir bedanken für diesen geschmackvollen Vormittag!"

Bertl blickte in angewiderte und anklagende Gesichter und ich glaube, ein bisschen hatte er in diesem Augenblick fast Angst, sein Streich sei total in die Hose gegangen und hätte seiner Beliebtheit extrem geschadet.
Als aber nach der zweiten Pause die Käseschmiere weg und der Heizkörper wie von Geisterhand blitzblank geputzt war, haben wir unserem Unikum die kurzzeitige Geruchsbelästigung schnell verziehen. Schön nach wenigen Tagen war er wieder unser Held. Und das Kaasln, das seine „Brotzeit" auf dem Knabenklo verursacht hatte, wurde noch am selben Tag von anderen „Gerüchen" neutralisiert!

# Bomm Fritz mit Catch-Up

In meiner auf den vorigen Seiten schon mehrmals beschriebenen Schulzeit wurden bisweilen sogenannte „Wahlkurse“ angeboten. Diese waren freiwillig, es gab keinen Notenzwang und: Das waren Kurse, die immer nachmittags stattfanden und die den Teilnehmern einen Nutzen fürs Berufsleben und fürs Leben allgemein bringen sollten.

Wir, also Kare, Toni 2, Sepp und ich, belegten den Kurs „Stenografie für Anfänger“. Der Grund, warum unsere Wahl akkurat auf DIESEN Kurs fiel, ist mir nicht mehr bekannt, ich habe die Kunst der Stenografie damals und bis heute nicht gebraucht. Mehr als das Wort „Otto“ in Kurzschrift habe ich auch nicht mehr in Erinnerung.

Der Nutzen für uns bestand also nicht in der Kurzschrift als solcher, sondern darin, dass wir zwischen 12.15 Uhr (Unterrichtsende) und 14.30 Uhr (Kursbeginn) ca. zwei Stunden Zeit hatten, um unbeaufsichtigt von Eltern, Lehrern oder sonstigen spaßhemmenden Autoritäten in Cham ein bestimmtes Wirtshaus aufzusuchen, wohlgemerkt ein Wirtshaus und kein Restaurant.

Zunächst wurde dort gespeist und dann ein Schafkopf „getan“. Ostbayerische Aborigines wissen: Einen Schafkopf SPIELT man nicht, man TUT ihn!

Kluge Köpfe haben bestimmt schon nachgerechnet: Wie soll das alles innerhalb von zwei Stunden halbwegs entspannt bewerkstelligt werden? Bestellen, essen, und dann noch Karten spielen und abschließend schnell zahlen, damit man rechtzeitig im Wahlkurs ist – für normale Menschen kaum möglich!

Tjaaaa, für normale Menschen, aber nicht für uns! Man mag uns vieles unterstellen, aber normal waren wir nicht!

Das Geheimnis der Schnelligkeit war der kreative Einsatz unserer äußerst beschränkten Finanzmittel! Da wir den Großteil der Barschaft zum Zocken brauchten, musste beim Essen gespart werden, John Slim war also Küchenmeister, Schmalhans auf deutsch! Dies führte dazu, dass wir bei der Bedienung nicht sonderlich beliebt waren, denn wir bestellten entweder zu viert „Knödel mit

Soße“ (mit vier Gabeln!) zu 0,70 DM oder, bei größerem Hunger die nahrhafte „Terrine Nudelsuppe nach Art des Hauses“ (mit vier Löffeln!) zu 1,20 DM. Dekadente Luxusspeisen wie Schnitzel, Schweinsbraten oder gar „Rinderländchen mit Spätzle und gem. Salat“ (stand echt mit „ä“ auf der Speisekarte) für 12,80 DM kamen nicht in Frage, da sie schlichtweg unerschwinglich für uns Schüler waren.

Auf diese Weise wurden wir zwar nie satt, benötigten aber zur Nahrungsaufnahme nur wenige Minuten, denn je zwei Stücke soßentriefender Knödel oder je fünf Löffel mit suppentriefenden Nudeln waren schnell geschluckt bzw. von der Hose, auf die die flüssigen Bestandteile gerne hinabtropften, aufgesaugt. Und dann konnte man sich umso eher dem Kartenspiel hingeben, denn das Radler (Bier getrauten wir uns mit 14 Jahren noch nicht zu bestellen) war sowohl beim Essen als auch beim Schafkopfen ein angenehmer Begleiter und brauchte deswegen nicht vor dem Beginn des Kartelns ausgetrunken werden.

So weit, so gut.

Die Geschichte wäre nun eigentlich zu Ende und der/die Leser/in würde sich vermutlich denken: „Ja gut, eine Schulzeit wie so viele andere!“

Ich muss aber nochmals auf die Speisekarte zurückkommen. Neben den bereits erwähnten Gerichten wurden noch „Wurstsalat bayer. oder schweiz. Art“ sowie „2 P. Wiener mit Semmel und Senft“ angeboten, das t beim Senf ist kein Druckfehler!

Und nun der Grund, warum die Geschichte noch nicht zu Ende ist: Eines Tages fanden wir auf der Karte eine revolutionäre, aber zunächst schwer verständliche Neuerung.

Es war ja Anfang der 70er Jahre so, dass in den Großstädten die Globalisierung der Kulinarik schon begonnen hatte, in München beispielsweise gab es schon 1971 die erste deutsche Filiale der Fast-Food-Kette mit dem gelben M und dem Clown namens Ronald.

Und kurz drauf, nämlich 1972, steckte ein gewisser Kadir in Berlin jede Menge Fleisch auf einen Spieß, grillte das Ganze mittels eines Drehspießes, schabte Stücke davon mit einem großen Mes-

ser ab, schmiss es samt Gemüse und Knoblauchsoße in ein Fladenbrot und zack, war der Döner erfunden!
Von solchen Dingen hatten wir Oberpfälzer Buben an der böhmischen Grenze weder gehört noch gegessen! Knödel, Schweinernes, Maultaschen und Erdäpfel waren die Dinge, die uns ernährten. Zwischendurch eine Wurstsemmel war schon die Ausnahme, eine Fleischsalatsemmel eine Delikatesse, ein Tortenstückerl eine Sensation!
Nun hatte aber unser braver Stammwirt von einer neuen Speise gehört, die bei jungen Leuten in den großen Städten eingeschlagen hatte wie eine Bombe und mit der man als Gastronom gutes Geld verdienen konnte: Pommes Frites, also Erdäpfel in ihrer edelsten Form, nämlich gestreift und im Fett schwimmend! Als Beilage würde sich Ketchup eignen, da dessen vieler Zucker ein Ausgleich zum vielen Fett in den Pommes ist.
Offenbar hatte unser Wirt aber tatsächlich nur gehört von den Pommes Frites und vom Ketchup und nicht gelesen, denn eines schönen Tages lasen wir auf der Speisekarte, unter den Wienern, mit Kugelschreiber in relativ krakeliger Schrift hinzugefügt:

Neu, neu, neu!!! Bomm Fritz mit Catch up nur 1 Mark! Einführungspreis!!!

Das MUSSTEN wir probieren! Und wir probierten es, jeder eine ganze Portion!
Ich habe heute noch den herrlichen Duft in der Nase, den die ersten Bomm Fritz und der erste Catch up meines Lebens verströmten! Ich musste sie einfach haben, trotz des Wahnsinnspreises, der die Hälfte meines wöchentlichen Pausengeldes verschlang.
Und ich weiß noch genau, welches Lied im Wirtshaus aus der Musikbox klang, als mir der erste dicke Klecks Catch up auf die hellbeige Hose tropfte: „Der kleine Prinz“ von Bernd Clüver!
Und genau so fühlte ich mich!

# Der süße Rucksack

Die Essensgewohnheiten der Jugend in den 70ern habe ich ja schon kurz angesprochen, ich erinnere an die beliebten und kostengünstigen Ketchup- und Senfsemmeln.
Die feinere Semmelfüllung, aber auch die teurere, waren natürlich der Leberkäse und der Fleischsalat.
Der Gipfel der Noblesse aber war die Bumskopfsemmel! Der Bumskopf, damals ohne jegliche rassistische Absicht von vielen noch Mohrenkopf genannt, heißt meines Wissens inzwischen Schaumwaffel mit Schokoladenüberzug, schmeckt aber noch genau so gut.
Die Zubereitung der Bumskopfsemmel ist denkbar einfach: Eine Semmel in der Mitte aufschneiden, bei Messermangel geht auch Aufreißen, einen Bumskopf auf die untere Semmelhälfte stellen und diesen mit der oberen Hälfte zerdrücken, bis er komplett in der Semmel verschwindet. Ein wahrer kulinarischer Hochgenuss! Die Kombination aus Teig, Waffel, Schaum und Schokolade ist ein sinnliches, beinahe erotisches Geschmackserlebnis!
Damit die Sache nicht zu trocken wurde oder gar an der Oberseite des Gaumens festklebte, „schwoibte" man den Mund mit einem Sunkist, einer Capri-Sonne oder einem Sinalco aus und erzeugte so einen ekelhaft aussehenden, aber genial schmeckenden süßen Brei, der zart die Zunge umspülte und dann widerstandslos die Speiseröhre hinabglitt.
Ästheten benutzten auch ein grünes Waldmeister- oder rotes Himbeerlimo als Mundspülung, was den farblichen Eindruck des Breies noch deutlich verbesserte und jedem Saufutter zur Ehre gereicht hätte!
Die psychisch belastende und spaßbremsendeTätigkeit des Kalorienzählens war noch nicht erfunden, zumindest bei uns in Ostbayern nicht, und so war es ein süßer Genuss ohne Reue.
Ich gebe zu, ich war ein sehr großer Fan und auch Konsument der Bumskopfsemmel, des Bumskopfes überhaupt! Unzählige Bumsköpfe fanden pur, ohne begleitendes Backwerk, ihre letzte

Ruhestätte in meinem Magen bzw. an meinen Hüften, wo sie leider Gottes heute noch in Frieden ruhen.
An einem sonnigen und außergewöhnlich warmen Junitag im Jahre 1973 stand für uns Schüler der Klasse 8a der Wandertag auf dem Programm. Es sollte zu Fuß auf den Lamberg gehen, eine Erhebung nahe Cham, die eher unter die Kategorie Hügel („Bugl" auf oberpfälzerisch) fällt, sich aber selbstbewusst Berg nennt.
Wie immer, wenn ein schulischer Event außerhalb der Schule stattfand, berichtete ich meinem Opa – Gott hab ihn selig – davon, VOR dem Event natürlich. Und zwar in der hinterlistigen Absicht, neben dem üblichen „Pausengeld" von 20 Pfennig einen Extrabonus zur angenehmeren Gestaltung des besonderen Tages zu erhalten.
Und diesmal erwischte ich meinen Opa bei allerbester Laune, an der die zwei Halbe Bier, die ich ihm vorher aus dem Keller geholt hatte, wahrscheinlich ihren Anteil hatten.
Er drückte mir sage und schreibe ZWEI Deutsche Mark in die Hand mit dem üblichen großväterlichen Kommentar: „Do Donerl, kaaf dir ebbs Guads!"
Worauf er Gift nehmen konnte!
Denn am Morgen des Wandertags erwarb ich auf dem Weg zur Schule 20! (in Worten: zwanzig!) Bumsköpfe, die es seinerzeit in jeder Bäckerei noch offen zu kaufen gab. Den fragenden und leicht mitleidigen Blick der Verkäuferin auf meine mehr als stabile Figur quittierte ich mit der empörten Bemerkung: „De san doch ned alle für mi!"
Meine Intention war nämlich folgende:
Oben auf dem Lamberg gab es (und gibt es heute noch) eine Gaststätte mit Biergarten. Der Lehrer hatte uns gesagt, in diesem würden wir Rast machen und wir sollten uns eine Brotzeit von daheim mitnehmen. Getränke sollten wir möglichst beim Wirt kaufen, damit dieser auch eine Freude hat mit uns.
Ich wollte dann, bis an die Zähne bewaffnet mit Bumsköpfen, unter meinen Klassenkameraden der King sein, indem ich völlig überraschend meine 20 süßen Sünden aus dem Rucksack zauberte und sie zum gemeinsamen Verzehr anbot.

Es würde dann bestimmt heißen „Toni, du bist ein Hund“ und zumindest vorübergehend würde ich als der große Wohltäter bewundert werden!
Und dann würden wir mampfend im Biergarten sitzen, mit schaum- und schokoverschmierten Mündern, und der Wandertag würde als der in die Schulgeschichte eingehen, an dem der Lauerer Toni es krachen hat lassen.
So ungefähr war meine Vorstellung.
Und so genau war die Wirklichkeit:
Mit einem fröhlichen Liedchen auf den Lippen, logischerweise „Im Frühtau zu Berge wir ziehn, fallera“, ging es Punkt acht Uhr los an der Schule. Bald hatten wir die lästigen Gehsteigmärsche und Straßenüberquerungen der Stadt hinter uns und mit „Das Wandern ist des Müllers Lust“ ging es über die saftigen Wiesen des Regentales.
Auch als das Gelände anstieg, hatten wir das passende Liedgut parat: Die „Bergvagabunden“ klangen aus munteren Knabenkehlen. In einigen Fällen, bei denen der Stimmbruch schon eingesetzt hatte, war es allerdings ein übles Gekrächze und eine Beleidigung für jedes geschulte Ohr. Gottlob besaß keiner von uns ein solches.
Obwohl das Meer in weiter Ferne lag, intonierten wir nach den Vagabunden der Berge „Wir lagen vor Madagaskar und hatten die Pest an Bord“! Die Pest hatten wir natürlich nicht an Bord, aber ich 20 Bumsköpfe im Rucksack!
Ich gerate heute noch ins Schwärmen darüber, wie unbeschwert, gutgelaunt und voller Hoffnung auf die Zukunft und die Brotzeit wir in Richtung Lamberg marschierten.
Die milde Wärme des Morgens wich bald der Schwüle des Vormittages und diese wiederum machte der Hitze des Mittags Platz. Ich dachte an das eiskalte Cola, das ich mir im Bergwirtshaus kaufen würde und an die süße Maus mit den Zöpfen, die aus der 8b, die mir so gefiel, die mich aber nicht zur Kenntnis nahm. Bestimmt würde ich eines Tages ein großer Popstar sein oder Ministerpräsident und dann würde sie bitterlich weinen, weil mich eine andere gemocht hatte und sie nicht! Dann würde sie heran-

gekrochen kommen, doch ich würde sie brüsk abweisen! Obwohl, wenn sie ganz lieb wäre und immer noch schön .... An solch wirre Dinge dachte ich!
An die chemischen Prozesse, die sich temperaturbedingt in meinem Rucksack abspielten, dachte ich nicht.
Nach gut drei Stunden erreichten wir schwitzend den „Gipfel“ des Lambergs.
Normalerweise hätten wir für die Strecke maximal zwei Stunden gebraucht, aber der Lehrer, ein begeisterter Biologe und Insektenfreund, unterbrach die Wanderung des Öfteren, um uns über die heimische Flora und Fauna aufzuklären.
Ich weiß nicht mehr, was er uns alles zeigte und erklärte, nur an die Feuerwanze kann ich mich noch erinnern, weil sie einen so coolen Namen hatte! Und an den Sauerampfer, weil diesen kann man essen!
Eine Blindschleiche entdeckten wir auch, sie war aber nicht besonders interessant, da sie sehr flach und vor allem tot war.
Aber jetzt waren wir im schattigen Biergarten angekommen und jetzt sollte mein großer Auftritt als der Herr der Bumsköpfe beginnen!
Ich nahm den Rucksack von meinem nassgeschwitzten Rücken, rief meine Klassenkameraden herbei und sagte: „Etza passt aaf, Männer! Etza gibt's ganz wos Guads! I schmeiss a Rundn Bumsköpf für alle!“
Anerkennende Blicke, garniert mit begeisterten Kommentaren wie „super Done“ und „jawoll“ waren Balsam für meine Knabenseele!
Was sich dann nach dem Öffnen des Rucksackes und der großen Bäckereitüte darin unseren entsetzten Augen bot, sah auch eher aus wie Balsam und nicht wie 20 Bumsköpfe!
Und es war ein greislicher Balsam! Eine weiße Masse, durchzogen von dunkelbraunen Batzen, Kreisen und Linien umgab 20 kreisrunde Waffeln, die einmal die Böden der Bumsköpfe waren! Blankes Entsetzen machte sich breit und wir alle starrten traurig auf das süße Dilemma wie auf ein plötzlich verstorbenes geliebtes Haustier.

Der erste, der nach dem Schock wieder Worte fand, und zwar unpassende Worte, war unser Klassenprimus Martin, der sprach: „I glaub, de san gschmolzn!“
„Des seg i aa, du Aff!“, fuhr ich ihn an.
Auch der Lehrer war auf den Pulk aufmerksam geworden, der sich um die Bumskopfleichen gebildet hatte. Er kam dazu, besah sich das Schlachtfeld und analysierte haarscharf: „Das schaut nicht gut aus, Toni!“
Eigentlich hätte ich ihm dasselbe erwidern müssen wie dem Streber Martin, es schickt sich aber nicht, den Lehrer mit „Aff“ zu titulieren. Also seufzte ich nur niedergeschlagen: „Genau, eher schlecht!“
Betroffen sah einer den anderen an. Eine Lösung des Problems, das die blöde Sonne und mein schweißtriefender Rücken verursacht hatten, schien unmöglich.
Die wunderbare Rettung aus dieser schier ausweglosen Situation nahte in der Person des Wirtes.
Nach kurzer Inaugenscheinnahme meines klebrigen Breis im Rucksack stellte er professionell fest: „De Sach is zwar gschmolzn, owa nicht verschmutzt! Alles no essbar! I hätt Semmeln da, i gib's eich zum Selbstkostenpreis, Stück a Zehnerl! Dann bring eich no a Messer dazua und dann könnt's Bumskopfsemmeln macha! Weil streichzart sans! Is doch wurscht, wia a Essen ausschaut, im Magen kimmt eh alls durcheinander! Stimmt's oder hob i recht?“
„Die Semmeln spendiere ich, Herr Wirt!“, hörte ich dann unseren Lehrer sagen.
Gott segne diese beide Männer! Den ebenso genialen wie nachhaltigen Gastronom (alles wird verwertet!) und den mildtätigen Lehrer!
In wenigen Sekunden kann aus einer vermeintlichen Katastrophe ein schönes Ereignis werden, eine Lektion, die ich mir fürs ganze Leben gemerkt habe!
Wir schnitten Semmel um Semmel auf und bestrichen sie mit der süßen Pampe, die wir mit dem Messer aus dem Rucksack kratzten. Und -oh Wunder- aus 20 Bumsköpfen wurden sage und schreibe 25 Bumskopfsemmeln! Offenbar trifft der physikalische

Lehrsatz, wonach sich Gegenstände bei Hitze ausdehnen, auch auf Bumsköpfe zu!
Genussvoll vertilgten wir unsere spendierte Leckerei und auch der Lehrer bekam eine ab, laut eigener Aussage übrigens die erste Bumskopfsemmel seines Lebens – und seine letzte, weil sie ihm viel zu süß war.
Da kann man nur sagen: Einen edlen Charakter hat er, eine Ahnung von erlesenen Speisen nicht!
Mit viel zuckerhaltigem Limo und Cola spülten wir den noch zuckerhaltigeren Imbiss hinunter. Mir persönlich war danach noch nach einem Eis und ich kaufte mir eins namens „Brauner Bär".
Energiegeladen marschierten wir zurück zur Schule. Es war für alle, für mich im Besonderen, ein unvergesslicher Wandertag.
Am Abend hatte ich einen unerklärlichen Heißhunger nach Essiggurken.

# Rudi hat Eine

Unsere Clique, die in den 70er Jahren ihr (meist harmloses) Unwesen trieb, hatte einen wesentlichen Nachteil: Sie bestand ausschließlich aus Buben, aus denen langsam, aber sicher junge Männer wurden. Der kindliche Körper änderte sich, der kindische Geist nicht.

Aber wie mein Großvater immer sagte: Es gibt selten einen Nachteil, der nicht auch einen Vorteil hat!

Der Nachteil der rein männlichen Zusammensetzung unseres Haufens hatte nämlich den Vorteil, dass uns niemand kritisierte, egal, welchen Blödsinn wir planten und schlussendlich auch verzapften. Wir waren uns immer einig, es bedurfte keiner langwierigen Erklärungen oder gar Diskussionen.

Ein Beispiel: Machte einer von uns den spontanen Vorschlag, sich einen Kasten Bier, eine Stange Salami, einen Laib Brot und als Dessert eine Familienpackung Gummibärln zu besorgen und diese Artikel zu konsumieren, so beschränkte sich die Diskussion auf die Frage: „Und wou?“

Auch Zusammenkünfte zum Billardspielen, Schafkopfen, Schwarzfischen oder sonstigen Genüssen wurden in Sekundenschnelle und ohne jegliche Gegenwehr vereinbart.

Wir führten ein kompromissloses und komplikationsloses Dasein in jeder Beziehung, weil wir keine Beziehung hatten!

Aber nicht, dass jetzt der Verdacht aufkommt, wir hätten mit der Damenwelt nichts am Hut gehabt, im Gegenteil! Frauen waren sehr oft Thema unserer Stammtischgespräche, öfter als alles andere!

Wir erörterten alle Vor- und Nachteile der in etwa gleichaltrigen Mädchen der ganzen Stadt, wägten ab, welche als Freundin in Frage käme und welche man anderen gönnen bzw. unterjubeln könne. Ich muss zugeben, dass wir in dieser unreifen Lebensphase den inneren Werten einer weiblichen Person keinerlei Beachtung schenkten, den äußeren aber umso mehr! Noch heute schäme ich mich für diese temporäre Charakterschwäche!

Das Dumme ist bzw. war: Wir wussten zwar, wer als Freundin in Frage käme – doch wie man es anstellen könnte, damit sie das auch wurde, das wussten wir nicht.
Der lapidare Hinweis unserer Väter, dass mittendrin eh eine Passende daherkäme und wir momentan sowieso noch zu jung für „sowas“ seien und lieber lernen sollten, war nicht sehr zielführend.
So verbrachten wir also viele Abende im trauten Männerkreis, taten das, was Männer so machen, wenn sie unter sich sind und legten keinerlei Wert auf Etikette, Outfit und Gesprächskultur. Wir tranken Colaweizen, aßen Pizza oder Leberkässemmeln und mussten die Rülpser, die sich zwangsläufig aus dieser Kombination ergaben, nicht zurückhalten, im Gegenteil: Besonders lautstarke „Kopperer“ wurden von den anderen begeistert mit „Hut ab“ oder auch „Güteklasse A“ kommentiert. Ich weiß: Primitiv – aber so war's halt.
Und dann, eines Abends im August 1976 geschah das Unfassbare! Völlig unvorbereitet, nicht angekündigt, eiskalt!
Wie so oft hatten wir einen Grillabend ausgemacht, diesmal bei mir im heimischen Garten unter den Obstbäumen. Ältere werden sich erinnern – es war der Jahrhundertsommer, in dem es von Mai bis Ende August keinen Tropfen regnete, Sonnenschein pur und das monatelang! Ein durstiges Wetter also, was wir mit 20 Halben kaltgestelltem Bier bekämpfen wollten. Im Kassettenrekorder lief „Let your love flow“, der Welthit von den Bellamy Brothers, den ein gewisser Jürgen Drews dann mit seinem „Bett im Kornfeld“ eingedeutscht hatte.
Nach und nach waren alle Kumpel eingetrudelt, also Sepp, Mane, Kare und Toni 2. Ich als Gastgeber war ja ohnehin bei mir daheim wohnhaft. Wir warteten nur noch auf Rudi, um gemeinsam die erste Halbe zu köpfen und die bereits gewürzten Fleischfetzen auf den Grill zu werfen.
Ich sagte gerade vorwurfsvoll : „Ja fix, wo is er denn, da Dolde? Mi dürscht wia d'Sau!“, da kam Rudi. Eigentlich kam er nicht, er erschien! Denn er hatte ein Mädchen dabei!! Und was für eins!!!

Braungebrannt, lange dunkelbraune Haare und äußere Werte, die sämtliche inneren belanglos erscheinen ließen.
Statt dem üblichen Urschrei „Hä, ihr Holzköpf! Bier her, sunst verreck i!“, den wir von Rudi bei jedem Eintreffen gewohnt waren, sagte er die für uns fremdartigen, fast milden Worte: „Hallo (!), Männer! Des is die Sophia! Mit ph! Sophia, des san meine Freunde – der Toni, der andere Toni (das war ich), Josef (!), Manfred (!) und der Karl-Heinz (!)
Ich habe die letzten drei Namen mit Ausrufezeichen versehen, da Rudi noch nie Sepp, Mane und Kare mit ihren offiziellen Vornamen angesprochen hatte!
Mit offenen Mündern und großen Augen standen wir da. Wir beäugten und begutachteten Rudis attraktives Mitbringsel wie Naturforscher ein extrem seltenes Insekt betrachten, das sie völlig unerwartet im Dschungel gefunden hatten.
Tausend Fragen gingen uns durch den Kopf, obwohl, eigentlich nur eine: Wo hat der ungehobelte Dödel diese Frau her?
Rudi tat uns den Gefallen und berichtete folgende unglaubliche Geschichte:
Er war nachmittags im Freibad gewesen, war kurz ins Becken gesprungen, um sich abzukühlen und sich dann auf seiner Decke zu aalen, dabei das bei uns beliebte und hochintellektuelle Magazin „MAD“ zu lesen und ein Eis zu schlecken.
Während seiner Lektüre war die hübsche Sophia im knappen Bikini (wie gerne hätten wir sie in diesem gesehen!) an ihm vorbeigegangen, habe plötzlich einen spitzen Schrei ausgestoßen, sei zusammengesackt und habe sich den linken Fuß gehalten.
Eher wegen des knappen Bikinis und der optischen Erscheinung der Zusammengebrochenen und nicht wegen einer ihm angeborenen Hilfsbereitschaft war er sofort aufgesprungen und zu ihr geeilt.
Seine spontane Frage „Wou faalts denn?“ hatte sie nicht verstanden, da sie als Feriengast mit ihren Eltern aus Norddeutschland zu Gast in der Oberpfalz war.
Doch Rudi kann auch Deutsch!

„Wo tut's denn weh?" hatte er gesäuselt und mit Tränen in den Augen hatte sie auf ihren süßen linken großen Zeh gedeutet.
Fachmännisch besah sich Rudi das lädierte Körperteil, um dann die Diagnose „Hamma's scho, a Imp war's! S ganze Gschlamp steckt no drin!", zu stellen.
Auch das hatte der schönen Sophia nichts gesagt, das alte Wort „Imp" für Biene würde heute selbst ein junger Bayer nicht mehr verstehen.
Doch auch jetzt hatte Rudi souverän die hochdeutsche Übersetzung parat: „Eine Biene hat dich gestochen, der Stachel steckt noch in deinem großen Zeher!"
Vorsichtig hatte er das Stechwerkzeug des Insektes herausgezogen und dann etwas getan, was ihm keiner von uns je zugetraut hätte: Er nahm sein Eis und legte es auf die Einstichstelle, um dem armen Mädchen Linderung zu verschaffen. „Geht's wieder?" fragte er zart und Sophia war begeistert von dem charmanten bayerischen Jüngling, der ohne mit der Wimper zu zucken sein Eis opferte, um ihre Wunde zu kühlen.
„Danke", sagte sie, „du bist aber ein Lieber! Tut schon gar nicht mehr weh!"

Das hatte noch keine zu ihm gesagt, eine so Hübsche schon gleich gar nicht! Das ungewohnte Kompliment drängte seine angeborene Schüchternheit gegenüber dem schönen Geschlecht in den Hintergrund und er lud sie auf seine Decke ein.
Ja, und wie es halt so ist, wenn man zu zweit auf einer Decke sitzt: Man kam ins Gespräch, fand sich sympathisch und als sie gehen musste, lud Rudi sie spontan zum Grillabend bei mir ein.
Sie sagte gerne zu, man verabschiedete sich mit einem gehauchten Küsschen.
Jetzt habe er sie vom Zintlbauern abgeholt, da sie mit ihren Eltern Urlaub auf dem Bauernhof machte und nun sei sie da.
Das alles hatten wir uns angehört, dabei aber ständig nur Sophia angegafft. Jetzt war es also soweit: Einer von uns hatte eine! Und auch noch der Rudi, von dem wir es am allerwenigsten erwartet hatten!
So erfreulich es für Rudi war, so kompliziert war es für uns, den frauenlosen Rest! Denn wir wussten nicht so recht, was wir sagen sollten zu seiner Eroberung. Die üblichen blöden, manchmal frauenfeindlichen Witze, die nachträgliche Analyse haarsträubender Solos oder Wenzen beim Schafkopf oder gar wohltuende Rülpser waren heute fehl am Platze. Das war uns klar, mehr aber nicht.
Ich fasste mir ein Herz und sprach: „Also i bin der Toni!"
„Hallo!", war ihre Antwort. Der Bann war gebrochen, so schien es! Einer nach dem anderen stellte sich vor und erntete ein „Hallo", dann herrschte wieder Schweigen im Walde bzw. auf der Wiese.
Der erste, der tiefer in eine Konversation einstieg, war Kare, indem er sie fragte: „Wo kommst du nacha her?"
„Aus Remscheid", war die kurze Antwort.
Außer „aha, Remscheid" fiel Kare allerdings nichts mehr ein.
Um das Ganze abzukürzen, fahre ich im Telegramstil weiter. Der/die Leser/in möge davon ausgehen, dass zwischen den einzelnen Gesprächsversuchen eine mindestens einminütige Verlegenheitspause lag.

Mane: „Gfallt es dir in Bayern?"
Sophia: „Ja, schön hier!"
Mane: „Gell!"

Sepp: „Und sonst?"
Sophia: „Alles gut!"
Sepp: „Super!"

Ich: „Wir grillen öfters!"
Sophia: „Wir daheim auch!"
Ich: „Ehrlich?"
Sophia: „Ja!"
Ich: „Wahnsinn!"

Toni 2: „I war no nie in Remscheid!"
Sophia: „Warum auch!"
Toni 2: „Eben! Wos daadedo!"
Sophia: „Wie bitte?"
Toni 2: „Was täte ich dort!"
Sophia: „Eben!"

Kare: „Magst a Bier?"
Sophia: „Nein, danke!"
Kare: „Bitte!"

Es wollte sich einfach trotz größter Bemühungen keine ungezwungene Unterhaltung entwickeln. Der prickelnde Esprit, der uns, auch mich, heute im mündlichen Umgang mit dem weiblichen Geschlecht auszeichnet, fehlte uns damals mangels Erfahrung völlig.
Irgendwann wurde Rudi die steife Atmosphäre offenbar peinlich, denn er sagte, er müsse Sophia jetzt nach Hause bzw. zum Zintlbauern bringen.
Noch bevor das erste Würstl auf dem Grill lag, verließen sie uns und verschwanden in der Dunkelheit. Außer „packtses ebba scho?" fiel uns kein Abschiedsgruß ein.

Wir erkannten noch, dass Rudi seinen Arm um ihre Schulter legte, was Sepp mit einem „eam schau o“ kommentierte.
Kaum waren sie außer Sichtweite, wich die Verklemmung der Unterhaltung: Wie auf Kommando schnappte sich jeder eine Halbe Bier und mit einem kräftigen Schluck spülten wir die staubtrockene Stimmung hinunter.
Wir schmissen allerhand Fleischteile auf den Grill und sinnierten, was Rudi nun mit der schönen Sophia machen würde. Wir wussten es zwar nicht, aber weil wir Freunde waren, gönnten wir es ihm von Herzen.
Nach einer halben Stunde war er wieder da, denn zum Zintlbauern und zurück war es nicht weit.
„Und?“ Wir alle waren gespannt.
„Moang fahrt's wieder hoam!“
„Is ebbs ganga?“
„Gott sei dank ned!“
Wir alle wussten, wie er das meinte. Denn eines hatten wir gemeinsam: Das Wollen war weitaus größer als das Können!
Doch eines konnte dem Rudi keiner mehr nehmen: Er war der erste von uns, der „Eine hatte“!

# Das gottlose Wirtshaus

Von den berühmt-berüchtigten 68ern haben wir hier in der Provinz so gut wie nichts mitbekommen, von den längeren Haaren mal abgesehen. Und von Bildern aus dem Fernseher, die die Studentendemonstrationen in Berlin, Frankfurt und München zeigten, kommentiert von unseren Vätern mit Bemerkungen wie „das hätte es zu unserer Zeit nicht gegeben" oder auch „es geht dahin". Sehr konservativen Vätern rutschte auch ab und zu ein „eineghaut ghörns über d'Schädeln" heraus.
Als sich das Ganze dann 1969 nach der Wahl von Willy Brandt zum Bundeskanzler wieder vorübergehend beruhigt hatte, folgten auf die revolutionären 60er die bunten 70er Jahre. Das Einheitsgrau oder -braun in den deutschen Wohnungen wich potthässlichen grünen oder orange-braunen Badfliesen und in allen übrigen Räumen Tapeten mit riesigen Blumenmustern, meist auch mit grünlichem oder hellbräunlichen Touch. In den Küchen trieben die klebrigen Pril-Blüten, die auf Fliesen, Regale und Kühlschränke gepappt wurden, ihr Unwesen.

Ergänzt wurde der Rausch der hässlichen Farben durch die Kleidung, die wir jungen Leute trugen, beispielsweise ein braunes Hemd, bei dem die riesigen Schwitzflecken unter den Achseln gut erkennbar waren, mit hellblau-weiß-gelb kariertem Kragen, eine lila Krawatte, die fast so breit wie lang war, eine hellgrüne Hose, die in der Nähe des Intimbereiches so eng war, dass man langfristige Unfruchtbarkeit befürchten musste, kanariengelbe Socken sowie rot/schwarz/braune Schuhe mit ca. 12 Zentimeter hohen Absätzen – so ein Ensemble war keine Seltenheit! Vervollständigt wurde diese makabre Zusammenstellung durch eine gottlob nicht sichtbare weinrote gerippte Unterhose mit Eingriff.

Wir sahen aus wie Volldeppen, was wir ja auch waren, kamen uns aber extrem cool vor!

Es dürfte 1974 gewesen sein, in der Blütezeit unserer Pubertät.

Die Pubertät war auch zu unserer Zeit die Phase, in der man alles anders machen wollte als die Erwachsenen, die man ja ohnehin ausnahmslos als spießig, bigottisch, kapitalistisch und verständnislos einschätzte. Man musste sich abgrenzen von den spaßbefreiten Alten!

Da galt es, Zeichen zu setzen! Da galt es, Dinge zu tun, mit denen die Eltern nie und nimmer einverstanden waren! Revolutionäre Dinge, unvorstellbare Dinge, teuflische Dinge!

Nach längerer Beratung fassten wir einen unglaublichen und vor allem sündigen Plan: Wir wollten am Karfreitag ab 13 Uhr im Wirtshaus Schafkopf spielen! Öffentlich! Am Karfreitag! Alle sollten es sehen, dass wir nicht mit dem Strom schwimmen, dass wir eine zeitgemäße und damit fortschrittliche Lebenseinstellung besitzen, dass wir Individualisten sind und keine blökenden Schafe in der großen scheinheiligen Herde!

Und damit nicht genug: Um 15 Uhr wollten wir uns alle eine Brotzeit bestellen, und zwar einen WURSTsalat! Am Karfreitag!

Schon im Vorfeld freuten wir uns auf den Schock, den wir damit bei der Bedienung und bei den anderen Gästen hervorrufen würden. Und bestimmt würden wir an den Osterfeiertagen das Gesprächsthema Nr. 1 im ganzen Dorf sein! Und dann würden alle wissen, dass wir weder Tod noch Teufel noch die Erwachsenen fürchten, nicht einmal den Pfarrer!

Umso näher der Karfreitag kam, umso mulmiger wurde uns. Ging das nicht zu weit? Musste es gleich Gotteslästerung sein? Hätte es nicht eventuell gereicht, absichtlich einen Fünfer zu schreiben mit der Begründung, man sei nicht der Sklave des Bildungssystems, sondern ein Anhänger der Bewegung „Alle Macht den Deppen"?

Das waren zumindest die Gedanken, die mir durch den Kopf gingen. Ich bin mir sicher, dass sie auch durch die anderen Köpfe gingen, aber keiner von uns sprach sie aus, um sich nicht als angepasstes Weichei zu outen.

Dann war es so weit: Der Tag des kollektiven Sündenfalls war da!

Wir betraten zu fünft das Wirtshaus, vier Spieler plus der sog. „Soachkartler", der einsprang, falls einer der Spieler die Toilette aufsuchen musste.

Die von uns erhoffte Aufmerksamkeit erzielten wir beim Einmarsch nicht, da wir die einzigen Gäste waren.

Aber, so unsere Hoffnung, die anderen würden schon noch kommen und dann entsetzt feststellen, dass fünf Halbwüchsige am heiligen Karfreitag dem Glücksspiel frönten. Dann würden sie diese Neuigkeit im ganzen Dorf verbreiten.

Wir setzten uns, bestellten je ein Radler und begannen zu spielen.

Bedient wurden wir vom Wirt persönlich, da dieser seinem Personal freigegeben hatte, weil laut seiner Aussage am Karfreitag eh immer nix los sei.

Dass wir Schafkopf spielten, war ihm übrigens völlig egal. Irgendwie war es eine komische Situation: Der Wirt saß ganz alleine rauchend am Stammtisch und las die Zeitung und wir saßen in der anderen Ecke des Gastzimmers und zockten.

Wir getrauten uns gar nicht laut zu reden, da im fast leeren Raum alles sehr hallte und der Wirt deshalb jedes Wort verstand.

Von skandalösen Zuständen, wie wir sie provozieren wollten, war keine Rede.

Die Zeit verging und auch um 15 Uhr waren wir noch die einzigen Gäste.
Wir sahen uns an und jeder wusste, was der Blick des anderen bedeutete. Sollten wir uns überhaupt einen Wurstsalat bestellen? Wenn es niemand zur Kenntnis nahm und unser blasphemisches Verhalten im Dorf weitererzählte?
Andererseits hatten wir einen Mordshunger, weil es daheim am Mittag, dem Tag angemessen, nur einen Brathering und einen Erdapfel gegeben hatte. Also beschlossen wir, den Höhepunkt des Frevels durchzuziehen und einen Wurstsalat zu bestellen.
Der Wirt war inzwischen mangels Beschäftigung eingeschlafen und mit einem „hä“ mussten wir ihn aus seinen Träumen reißen. Mit der Frage „wollt's zahln, Burschen?“ schreckte er hoch.
„Im Gegenteil“, antwortete ich keck, „bstelln wollma ebbs, Hunger hamma!“
„Jessas naa, des aa no!“, meinte er genervt, „wos nacha? Ebbs Warms gibt's fei ned heut'!“
„Mir wolln nix Warms, mir wolln einen Wurstsalat, fünfmal, mit viel Wurst!“ antwortete ich provozierend und wir alle freuten uns auf die Empörung, die sich gleich auf seinem Gesicht breitmachen würde, die Empörung über unsere ruchlose Bestellung!
Doch es machte sich überhaupt nichts breit! Der Wirt meinte nur lapidar: „Achsooo, an Wurstsalat wollt's! Des is is koa Problem! Mit Fleischwurst oder Leberkaas?“
Wir waren dermaßen schockiert, dass wir nur noch „Leberkaas“ sagen konnten!
Was war das für ein gottloser Mensch? Schlimmer als der schlimmste Atheist! War ihm die Bedeutung des Karfreitags nicht bekannt? Wusste er nicht, dass man an diesem Tag Genüssen jeglicher Art, insbesondere Genüssen der Fleisches- bzw. Wursteslust zu entsagen hat?
Wo soll das noch enden, wenn schon die Erwachsenen keinerlei Moral mehr haben und an Rowdys wie uns am Karfreitag sündhafte Speisen verkaufen, nur um Geld zu verdienen? Pfui Teufel! Der würde ihn übrigens mit Sicherheit holen, spätestens am jüngsten Tag!

Derlei Gedanken gingen uns durch den Kopf, als wir den Wurstsalat in uns hineinschaufelten.
Vor allem aber waren wir sauer, weil niemand Notiz von unserer Feiertagsschändung genommen hatte.
Die Aktion, die wir als Kampf gegen das Establishment geplant hatten, endete als gemütlicher Schafkopfnachmittag mit deftiger Brotzeit.
Sepp, unser Bravster, hatte nachher Gewissensbisse und wollte Buße tun, indem er den Verstoß beichtete. Er wusste nur nicht recht, unter welches Gebot Schafkopf und Wurstsalat fallen. Letztendlich erleichterte er sein Gewissen unter der Sündenrubrik „Selbstbeherrschung", wie er uns erzählte.
Und er erzählte uns auch, welch dürftige Buße ihm der Kaplan aufgebürdet hatte: Lächerliche zwei Vaterunser und ein Gegrüsset seist du Maria!
Die Kapläne waren auch nicht mehr das, was sie früher mal waren!

*Da Erinnerungen oft mit Musik verbunden sind, hier noch eine Übersicht über die Lieder, die in diesem Buch Erwähnung finden und die ich (zumindest die meisten!) noch heute gerne höre, um die Jugendzeit wieder ins Gedächtnis zu rufen! Vielleicht geht es Ihnen/Euch auch so. Hier ist sie,*

# Toni's Playlist

| | |
|---|---|
| Status Quo | Rocking all over the world |
| | Down Down |
| | Caroline |
| Freddy Quinn | Junge, komm bald wieder |
| Tony Christie | Is this the way to Amarillo |
| Christian Anders | Es fährt ein Zug nach Nirgendwo |
| Sweet | Coco |
| T. Rex | Hot Love |
| Peter Alexander | Feierabend |
| Wolfgang Petry | Wahnsinn |
| Terry Jacks | Seasons in the sun |
| George McCrae | Rock your baby |
| Nazareth | This flight tonight |
| Vicky Leandros | Theo, wir fahrn nach Lodz |
| Boney M. | Rivers of Babylon |
| Queen | We will rock you |
| Rubettes | Sugar baby love |
| Hot Chocolate | So you win again |
| Sailor | A glass of champagne |
| Nico Haak | Schmidtchen Schleicher |
| Nilsen Brothers | Aber dich gibt's nur einmal für mich |
| Bonnie Tyler | Lost in France |
| Vader Abraham | Das Lied der Schlümpfe |
| Wings | Mull of Kintyre |
| John Paul Young | Love is in the air |

| | |
|---|---|
| Original Oberkrainer | Trompeten-Echo |
| | Auf der Idiotenwiese |
| Bernd Clüver | Der kleine Prinz |
| Klasse 8a | Im Frühtau zu Berge |
| | Das Wandern ist des Müllers Lust |
| | Bergvagabunden |
| | Wir lagen vor Madagaskar |
| Bellamy Brothers | Let your love flow |
| Jürgen Drews | Ein Bett im Kornfeld |